KB250004

기상천외 조선사

| 강영민 지음 |

이가출판사

진리란 무엇인가.

인생이란 무엇인가.

그런 질문을 받고 선뜻 대답할 수 있는 사람이 누구겠는가. "역사란 무엇인가?" 라는 것도 비슷한 성격의 질문이다. 단 몇 마디의 말로 간단하게 대답할 수가 없기 때문이다. 진리가 무엇인지, 인생이 무엇인지 아는 사람이 없듯이 역사가 무엇인지 아는 사람 역시 드물 것이다.

역사란 단순히 지나간 시간이고 돌이킬 수 없는 과거인가. 혹은 덮어두고 묻어둔 채 아예 모른 척할 수도 있는 대상인가.

부족하고 치욕스럽고 가치 없는 시간이었다고 판단될 때 우리는 과거를 혹은 역사를 외면하려고 한다.

나는 역사가 매우 재미있는 학문이라고 믿는 사람이다. 과거란 절대로 재현될 수 없는 것이지만 다시는 돌아오지 못할 그 과거를 이 현재 속에서 되찾을 수 있어서 역사는 매우 흥미진진한 학문이라는 말이다.

역사 그 중에서 특히 조선시대에 관련된 책들은 많아 비밀스러운 구중궁궐과 사대부의 사랑방에서부터 전쟁터 그리고 유배지와 일반 민간의 뒷골목에 이르기까지 다루지 않은 내용이 없다.

　조선시대 병사들이 종이옷을 입은 채 변방을 지키며 겨울철 전쟁터를 누 빈 사실을 아는가? 관리와 천민들까지도 문서에 사인을 한 사실을 알고 있 는가? 김홍도가 스파이였다는 사실이 믿어지는가.

　조선시대의 아침을 열었던 일간신문(조보)과 왕의 하루일과 등 이 책에는 조선왕조실록과 야사를 토대로 흥미진진하고 기상천외한 또는 황당하기까 지 한 역사 속에 존재했지만 알려지지 않은 이야기들로 가득 차 있다.

　이 책의 출간 목적은 조선이라는 거대한 자산덩어리를 보다 쉽게 그리고 항상 곁에 두었으면 하는데 있다. 역사를 바라보는 시각과 접근방법에 대한 나름대로의 키워드 한 가지를 제시하고자 하는 바람도 있다.

　직업이 의사이다 보니 세상에 태어나 누군가를 아프지 않게 해줄 수 있다 는 것, 내가 아닌 다른 사람을 위해 살 수 있다는 것, 이 모든 것들을 나는 즐 긴다. 그리고 이제 의술이 아닌, 글 쓰는 재주로 또 다른 기쁨을 주고 싶다. 이제 이 책을 조심스럽게 세상에 내놓는다.

진료실에서

강영민

contents

1 멋과 해학의 나라

2 조선시대, 조선 사람들

3 여인이며, 사랑이며!

4 세계의 중심에 서기 위해서

　　태종은 도화서에 '국상 3년 동안에는 세화를 바치지 말라' 는 명을 내린 적
이 있다. 국상 중에 살아있는 사람들이 복을 주고받는다는 자체가 껄끄러운
일이라서 그랬을 수도 있다. 연산군의 경우는 '세화는 한낱 종이와 먹만 낭비
할 뿐' 이라는 이유로 더 이상 그리지 못하게 하기도 했다.

1

멋과 해학의 나라

수표교 아래서 책을 팔던 서점이 있었다

조선시대에도 서점의 역할을 하던 곳이 있었다.

명종 9년(1554) 학자 어숙권이 편찬한 『고사촬요』는 역관이나 의관 등 기술직 관리들이 꼭 숙지해야 할 상식지침서였다. 이 책의 간기에 보면 '발행일 1576년 7월 수표교 아래 북쪽 자리 수문 입구에 있는 하한수로 살 사람은 찾아오시오' 라는 문구가 있다.

1576년 7월에 발행한 『고사촬요』를 수표교 아래 북쪽 수문 입구에 있는 하한수에서 팔고 있으니 필요한 사람은 오라는 내용이다. 하한수는 개인이 직접 책을 만들어 팔았던 곳으로 출판사와 인쇄소 그리고 서점을 함께 하고 있던 셈이다.

원래 조선시대 서점 역할을 했던 곳을 서사(書肆)라고 불렀는데, 나라에서 관리를 두고 운영하던 관영이었다. 중종 24년(1529) 대사간을 지낸바 있는 어득강이 다음과 같이 청한 일이 있다.

"지금 책을 펴내는 곳이 교서관뿐이라 학문에 뜻을 둔 사람들이 마음

놓고 구매할 수가 없어 어려움을 겪고 있습니다. 시중에 서사를 두면 누구든지 책을 살 수 있게 될 것으로 사료됩니다."

조선시대 전기까지만 해도 교서관에서 펴낸 책은 임금이 신하에게 하사하던 귀한 것이었다. 물론 종이와 품삯 등 간행에 필요한 비용을 지불하면 책을 만들어주기도 하고, 역관 등 중간에 소개인이 있을 경우 구입도 가능했지만, 이는 상류층에서만 누릴 수 있는 혜택이었다.

어득강은 책을 살 수 있을뿐더러 개인이 소장하고 있던 필요 없는 중고 책까지 팔수도 있는 신개념의 서사를 생각하고 있었다. 그래서 현재의 헌책방과 도서관 같은 역할을 동시에 할 수 있는 서사를 제시했던 것이다.

그는 조상으로부터 물려받거나 하사받은 책이 많지만 다 읽은 뒤에는 쓸모가 없게 된다는 점을 강조했다. 그러니 다 읽은 책은 팔고 다른 책을 살 수 있다면 많은 사람들에게 이익이 되지 않겠냐는 것이었다. 또한 소중한 책들이 다락에 쌓인 채 벌레들의 먹이가 될 뿐이라며 목소리를 높였다. 지방에 사는 가난한 선비들의 고충도 언급하며 서사의 필요성을 재차 역설하기도 했다.

"학문에 뜻을 품고 있지만 책이 없어 어려움을 겪고 있는 선비들이 많습니다. 이들은 쉽게 책을 구할 수가 없고 행여 있다고 해도, 『대학』이나 『중용』과 같은 것들은 면포 서너 필에 해당되는 값이라 살 엄두를 못 내고 있는 형편입니다. 그러나 서사에서 그 값을 정하고 감장원(監掌員)을 두어 사고팔게 하면 잡음이 없을 것이며, 비록 사지는 않더라도 언제든지 책을 읽을 수 있는 장소가 되니 편리함과 함께 많은 이익을 보게 될 것입니다."

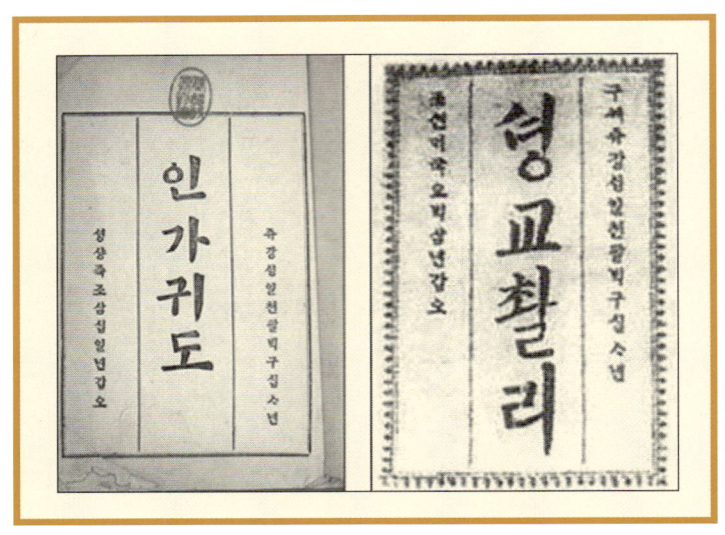

인가귀도와 성교촬리
국내 최초의 근대적 출판사인 광인사에서 1894년 펴낸 최초의 기독교 번역 소설

　중종은 이 말에 호감을 갖고는 서사 설립을 찬성했다. 하지만 그 후 명종 6년(1551)에도 사헌부에서 서사를 세우자는 말이 나온 것으로 봐서는 큰 실효는 거두지 못한 것 같다. 사헌부에서는 나라 안에서 쓰이는 물건들은 모두 시전에 있는데, 오직 책만 찾아볼 수 없다는 보고를 했다. 그래서 내놓고 싶은 책이 있어도 팔 수가 없어 날로 귀해지고, 글을 소중히 여기는 풍조마저 사라지고 있다는 우려까지 했다. 해당 관청에서 서사를 세워 책을 사고팔게 하는 것이 좋겠다는 말에 명종은 대신들에게 논의하게 했다. 그러나 그 후 서사가 세워졌는지에 대한 기록은 없다.

　민간이 운영하는 서사에 대한 기록 역시 없지만, 수표교 아래서 『고사촬요』를 팔았던 만큼 존재했던 것만은 사실이다.

그 후 우리나라에 본격적인 출판사와 서점의 개념이 정착되기 시작한 것은 개항 이후이다. 서양문물과 함께 유럽의 인쇄기계가 유입되자 고종 20년(1883) 신문과 잡지 등의 편찬과 인쇄를 담당하는 출판기관 박문국이 설립되었다.

출판사를 겸한 우리나라 최초의 근대식 민간 인쇄소인 광인사(광인국)가 생긴 것은 다음 해인 고종 21년(1884)이다. 특히 광인사를 우리나라 최초의 출판사로 보는 것은, 이전까지의 목활자 인쇄 방법을 탈피했기 때문이다. 일본에서 수입한 납 활자를 사용하기 시작한 것이다.

또한 판화인쇄시설을 갖춰 책을 대량으로 인쇄하여 보급했으며 기획을 갖고 출간을 했다. 광인사에서는 『충효경집주합벽』, 『고환당집』, 『농정신편』 등을 펴냈는데, 새로운 문물을 통해 많은 사람들을 교화시키려는 의도가 담겨져 있던 것들이다.

독립정신과 민족정신을 고취시키기 위한 책들을 취급하는 서점들도 뒤를 이었다. 대부분 출판을 겸한 곳들이었는데 회동서관, 대동서시, 광학서포, 신구서점, 중앙서관 등이다.

그 후 출판사와 서점은 차츰 분리되고 각각 발전하여 오늘에 이르게 되었다. *

사주는 같으나 운명이 달랐던 팔자

『적벽부』로 유명한 중국 북송 때의 최고 시인 소동파와 조선시대 집현전 학사이자 세조정란의 공신인 정인지의 사주는 똑같다.

두 사람 모두 병자 년, 신축 월, 무술 일, 을묘 시이다. 하지만 실제로는 시와 문장에 뛰어나다는 것만 같을 뿐, 두 사람의 운명은 사뭇 다르다.

신법을 꺼려하던 소동파는 '독서가 만 권에 달해도 율(律)은 읽지 않는다'는 목소리를 냈고, 초유의 필화사건을 일으키는 등 그릇된 정치를 과감히 비판한 인물이다. 그로 인해 평생 유배생활을 하게 되었는데, 반면 정인지는 세조정란에 일조하여 영의정까지 지내며 부귀영화를 누렸다. 결과적으로 사주는 같지만 두 사람의 운명은 전혀 반대였다.

하지만 사람의 운명을 좌우한다는 사주에 매료되어 책으로까지 펴낼 작정을 했던 임금이 있었으니 공교롭게도 바로 세조이다. 세조는 걸어다니는 백과사전이라고 불렸던 서거정을 부른 자리에서 이 일을 지시했는데, 뜻밖의 장벽을 만나게 되었다. 서거정이 사주가 지닌 모순을 논리

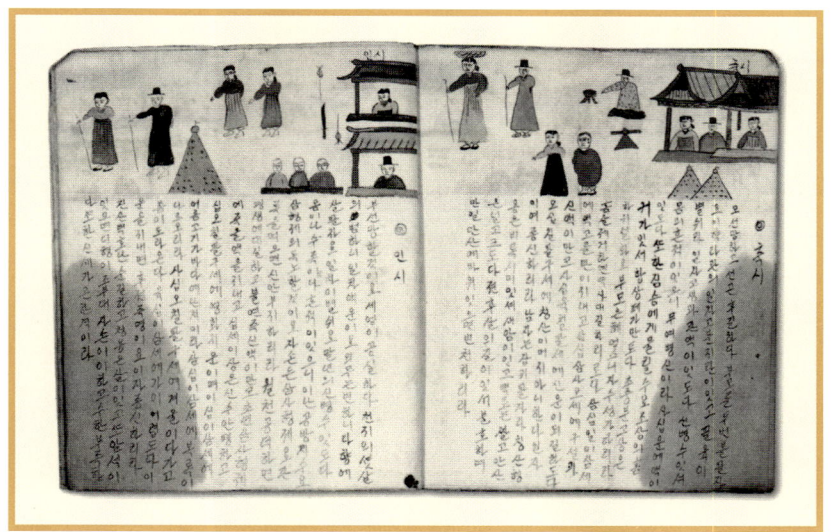

당사주(唐四柱) 점복(占卜)이나 예언과 관련해서 인간의 복잡한 삶과 길흉화복을 그림과 함께 점칠 수 있는 당사주. 조선후기에 그림과 함께 간행됨 국립민속박물관 소장

적으로 따지며 반대 입장을 보였기 때문이다.

　"사람이 태어난 연·월·일·시 사주의 순열조합으로 달라질 수 있는 운명의 수는 약 50여만 가지가 됩니다. 그러나 현재 조선의 인구가 1,500만 명인데 세상천지가 어찌 50여만 개 운명의 수에만 묶여 살아야 한다는 말씀입니까. 사주가 같은 사람만도 수백 수천이 되는데 길흉화복이 각자 다르게 나타나는 것은 또 어찌된 일입니까."

　결국 세조는 서거정의 설득에 수긍을 할 수밖에 없었다.

　어느 날 성종은 자신과 사주가 같은 과부가 있다는 소문을 듣게 되었다. 성종은 당장 과부를 불러서 그동안 살아온 일을 물었다. 과부가 말하기를 성종이 세자로 책봉되던 해에 자신은 어머니와 사별을 하였으며 또한 성종이 왕위에 오르던 해에는 남편과 사별을 하고 과부가 되었다고 했다.

성종에게 기쁜 일이 있던 해에 과부에게는 불행만이 닥쳐 지금은 외로운 삶을 살고 있었던 것이다. 성종은 결국 사주는 믿을 것이 못 된다며 처음 가졌던 호기심을 떨쳐버렸다.

명종 때 유명한 점술가 홍계관은 정승 상진의 사주를 보고는 죽게 되는 해와 달은 물론 날짜까지 구체적으로 예언을 했다. 상진은 별 수 없이 죽는 날만 기다리며 준비를 했는데 그 날이 지나가고 말았다. 상진이 그 이유를 따져 묻자 홍계관은 언제인가 죽을 목숨을 살려준 음덕(陰德, 숨은 덕행)이 있었기 때문이라고 해명했다.

음덕 때문에 수명이 연장되었다는 말에 상진은 비아냥거리듯 말했다.

"어허, 이제 보니 사주팔자는 하늘이 내려준 것이 아니라 사람이 만들어내는 것이었구면!"

사주가 운명을 좌우한다고 믿었던 사람들과 그렇지 않다고 주장했던 사람들이 한데 모여 살았던 조선시대. 현재와 전혀 다르지 않은 삶의 한 부분이기도 하다. *

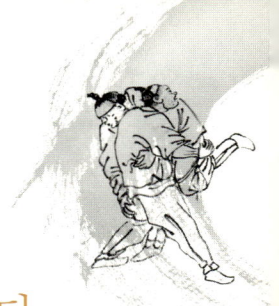

조선시대에 석유 광고가 등장했다

우리나라에 석유(石油)가 처음 들어온 것은 고종 17년(1880)으로 알려져 있다.

먼 옛날에는 송진이 많은 관솔에 불을 붙여 사용했고, 차츰 등잔과 초 등을 이용하며 발전해왔다. 등잔에 쓰이는 연료(기름)는 다양했는데, 돼지와 소의 기름을 비롯해 정어리기름, 참기름, 아주까리기름, 콩기름 등이었다. 이처럼 동·식물에서 얻을 수 있는 것이 기름이라는 생각이 지배적이었다.

그래서 석유가 처음 도입되었을 때 그것이 돌을 짜서 얻은 기름이라고 해석한 사람들의 반응은 남다를 수밖에 없었다. 더군다나 지하 깊은 곳이나 바다 속에서 건져낸 것이라는 사실에 더욱 생경했다.

그 무렵 기록 가운데 한글로 번역되었고, 그래서 보다 널리 알려졌던 학자 황현의 『매천야록』을 보면 이와 같은 상황을 잘 알 수 있다.

황현 초상화
『매천야록』의 저자

석유를 놓고 누구는 바다 깊은 곳에서 얻어낸 것이라 하고, 누구는 석탄에서 뽑아낸 것이라 하며, 또 누구는 돌을 달여 얻은 것이라 하는 등 설명이 각기 다르다. 하지만 석유가 천연자원임에는 분명하다. 우리나라에서는 경진년(1880)부터 이것을 사용하기 시작했다. 처음에는 색깔이 붉고 냄새가 역했는데 한 홉이면 열흘 밤을 충분히 밝혀 줄 수 있었다. 그 후 수년이 지나자 색깔이 점점 묽어지고 역겨운 냄새도 사라졌지만, 화력이 급격하게 떨어져 한 홉으로 겨우 사나흘 정도만 밝힐 수 있었다. 석유가 등장하자 산과 들에서 자라던 기름을 주던 열매들은 더 이상 번성하지 않게 되었는데, 어느 곳이든 석유를 사용했고 재래식 기름은 멀리했기 때문이었다.

석유는 개화기 때 유명한 승려였던 이동인이 일본에서 들여온 것이다. 이때 석유뿐만 아니라 램프와 성냥도 함께 가져왔다. 이동인은 고종 16년(1879) 개화당과 인연이 있어 개화된 일본을 살피기 위해 현해탄을 건넜다. 그리고 다음 해 가을에 수신사 김홍집 등 일행이 귀국할 때 함께 돌아왔다.

이동인이 가져온 것들을 왕족이나 친지들에게 보여줬는데, 모두가 신기하게 여겼고 편리함에 관심을 보였다. 그러자 일본 무역상들은 발 빠르게 이것들을 수입해 전국에 팔아 부를 축적하였다.

석유가 정식으로 국내에 보급된 정확한 시기는 밝혀지지 않았지만, 대략 고종 27년(1890) 미국의 스탠다드 석유회사가 국내 총판을 시작하면서부터라고 보고 있다. 석유가 국내에 널리 보급되자 일반 백성들까지 구입해 가정에서 사용하기 시작했다.

그 후 고종 33년(1896) 7월 18일 발행된 독립신문 제45호에 석유에 대한 첫 광고가 등장하였는데 '창흥회사'라는 제목이다.

중부 장통방 갓전골에 있는 이 회사는 군부 기계국에 철물과 석탄 등유를 진상하는 상회이니, 각색 철물과 석탄 등유를 사서 쓰고자 하는 사람은 이 회사로 오시오.

이 신문 9월 19일자에는 석유로 인한 화재사고가 처음으로 보도되기도 했다. 기사에 따르면 '제경궁 앞에 사는 홍종호의 17세 된 며느리가 9월 10일 밤에 다림질을 하다가 석유등이 쓰러져 온몸에 불이 붙었고 연기를 마시고 죽었다'고 되어 있다.

우리나라 최초로 석유를 사용한 가로등이 등장한 것도 이 무렵인데, 정확히 고종 34년(1897) 1월이다.

한성부에서는 도로변에 접한 모든 점포는 문 앞에 석유 장명등을 달고, 달이 없는 날에는 반드시 켜야 한다는 지시를 내리기도 했다. 그 후 3년 뒤인 1900년 4월 11일에 발행된 황성신문의 기사를 보면 '전기회사에서 작일부터 종로에 전등 3좌를 연했다'라고 나와 있다. 종로의 전차 정류장과 매표소 주변을 밝히기 위해 비로소 전기를 이용한 가로등 3개가 설치된 것이다.

한편 언론인 장지연이 1909년에 발행한 『만국사물기원역사』라는 책에도 석유에 대한 간단한 소개가 있다. 장지연은 이 글에서 석유는 중국에서 한나라 무렵 처음 발견되었다고 그 출처를 간단하게 소개했다. 또한 마르코폴로의 『동방견문록』에는 중국 사천성 지방에서 기원전 1세기 석유가 시추되었다고 기록되어 있기도 하다.

　하지만 아쉬운 것은 우리나라의 석유에 대한 기록은 전혀 밝히지 않았고, 그에 따른 변화에 대해서도 언급하지 못했다는 점이다. ✽

조선의 다리에는 모두 사연이 있다

태조 5년(1396)에 세워진 금청교(禁淸橋)가 기록상 최초의 다리이다. 현재의 종로구 내자동과 적선동 그리고 통의동의 경계에 위치해 있었다.

궁궐 안에 세워진 다리로는 창덕궁 진선문 밖의 금천교(錦川橋)가 있다. 태종 11년(1411) 공조판서 박자청의 감독 아래 금천 위에 돌다리를 세웠다는 기록이 있다. 창경궁의 옥천교와 함께 가장 오래된 돌다리로 기록되고 있다.

금천교는 사도세자가 무릎을 꿇고 앉아있던 장소이기도 하다. 영조 38년(1762) 사도세자가 뒤주에 갇혀 죽기 전 영조의 불호령에 이곳 금천교에서 어명만을 기다리고 있었다. 그러나 다시 친국이 열리는 휘령전으로 부름을 받고 간 사도세자는 영조의 명령 아래 뒤주에 갇히게 되었다.

현재 세종로 종합청사 남쪽 내자동 부근에는 종침교(琮琛橋)가 있었다.

성종 때 당상관이었던 허종과 허침 형제의 이름에서 유래된 다리이다.

성종이 죽고 왕위에 오른 연산군은 유자광의 부추김과 임사홍의 밀고에 의해 생모 윤씨가 폐비(妃)된 내막을 알게 되었다. 생모의 죽음을 원통하게 여긴 연산군은 숙의 엄씨와 정씨는 물론 그들의 소생까지 죽였다. 이 일로 인해 인수대비마저 화병으로 죽게 만들었다. 그리고 윤씨가 폐위될 때 이를 논의하기 위한 어전회의에 참석했던 대신들을 찾아내어 죽이는 갑자사화를 연산군 10년(1504)에 일으켰다. 그런데 어전회의가 열리던 날 허종과 허침은 누이인 신영석의 부인 허씨의 말을 듣고 일부러 참석하지 않으려고 이 다리 위에서 떨어져 부상당했다는 핑계를 댔다. 그래서 화를 면할 수 있었는데 허종과 허침 형제의 이름을 따서 종침교라 부르게 된 것이다. 한편 형인 허종의 이름만 빌어 '종교'라 부르기도 했다.

또한 성종 14년(1483)에 승려들을 동원해 완성한 돌다리가 있는데, 전곶교(箭串橋)로 일명 '살곶이다리'로도 불렸다. 현재 성동교 동쪽에 위치해 있는데, 폭이 6m이고 길이가 75m가 조금 넘는 현존하는 것 가운데 가장 긴 다리이다.

이 다리는 원래 세종 2년(1420) 영의정 유정현과 박자청에게 명을 내려 감독하게 한 것이 첫 공사였다. 그러나 기초공사만 해놓은 상태에서 중단되었다가 성종 6년(1475) 병조 판서 이극배가 성종이 열병하고 사냥할 때의 교량 설치 문제로 아뢰면서 다시 거론이 되었다. 이때부터 다시 공사가 재개되어 비로소 8년 후인 성종 14년에 완성될 수 있었다.

금천교 창덕궁 안 진선문 밖에 있는 금천(禁川)에 만들어진 돌다리

한성의 중심에는 청계천이 흐르고 있어 이 위에 수표교, 광교, 간수교 등 여러 개의 다리가 생겼다. 고종 때 작성된 『한경지략』이나 『동국여지승람』 등을 보면 그 당시 도성 안에는 76개, 성 밖에는 10개 등 모두 86개의 다리가 있었다고 전해진다. 하지만 그 가운데 정확한 다리의 이름과 위치를 확인할 수 있는 것은 69개뿐이다.

그런데 아주 특별한 다리 하나가 존재하기도 했다.

한강 최초의 다리라고도 불렸던 연산군의 배다리가 그것이다. 현재 강남구 양재동 아래에 있는 청계산으로 연산군은 자주 사냥을 다녔다.

그런데 한번 이동하기 위해서는 수많은 인원과 물자가 필요했다. 사냥을 위해 동원된 군사 3만 명과 양반집에서 각각 징집한 5만 명의 노비들 그리고 먹고 마실 음식까지 한꺼번에 움직여야 했다. 문제는 말까지 포함된 그 많은 인원과 물자를 배에 싣고 한강을 건너기가 수월하지 않았다는 점이다. 그래서 한강에 주교(舟橋, 배다리)를 놓게 하였다. 이때 무려 8백 척에 달하는 배가 동원되었다고 한다.

정조 임금도 배다리를 놓아 수원 화성으로 아버지 사도세자 능묘를 다녀오기도 했다. ❋

거지와 임금의 팔자를 가려내던 점술

조선시대 점쟁이의 점괘는 신통력을 갖고 있었다는데 사실일까?

어느 날 암행어사가 신분을 감춘 채 점쟁이를 찾아가 자신의 운을 시험해본 적이 있었다. 암행어사가 앞에 있는 복(卜) 자를 짚으며 점괘를 물었다. 그러자 점쟁이는 허리에 무언가를 차고 다닐 팔자인데, 그것이 마패이니 곧 암행어사가 될 운세라는 점괘를 내놓았다.

이 모습을 지켜보던 거지가 옷을 바꿔 입고 와서는 역시 복자를 짚었는데, 점쟁이는 과연 신통한 점괘를 꺼내들었다.

"허리에 무언가를 찰 팔자인데 그것이 쪽박인 것을 보니 거지가 될 운세다!"

우리나라에서 점술이 시작된 것은 중국의 영향을 받은 고대 때라고 알려져 있는데, 이처럼 주로 글자로 점을 치는 파자점(破字占)이 많이 행해졌다.

한편 고대 유럽의 경우 별자리를 관찰하여 보는 점성술과 동물의 내장을 이용한 내장점 그리고 펼친 책에서 가장 먼저 눈에 띄는 문장으로 점을 치는 개전점이 주를 이루었다. 이 개전점은 기독교에서 성경책으로 대신했다고 해서 성서점이라고도 불렸다.

그런데 우리의 선조들은 점술을 무조건 믿고 따르기 보다는 위의 일화처럼 여유와 나름대로의 해학도 있었다. 이와 같은 예가 또 있는데, 조선을 건국하기 위해 백방으로 뛰어다니던 이성계가 점쟁이를 찾아갔을 때의 일이다.

이성계가 물을 문(問) 자를 짚자 점쟁이가 말했다.

"좌로도 임금 군(君)이고 우로도 그러하니 필시 군왕이 될 운이로다!"

이번에는 옆에 있던 거지가 신분을 위장하여 같은 문 자를 짚자 점쟁이는 망설이지 않고 점괘를 내놓았다.

"문(門) 앞에 입(口)이 하나 달렸으니 남의 집 대문을 찾아다니며 빌어먹을 팔자다!"

반대로 임금이 신분을 감춘 채 점쟁이에게 자신의 운을 물은 적도 있었다. 임금이 짚은 것은 왕(王) 자였는데 점쟁이의 점괘는 다음과 같았다.

"임금 왕(王)은 곧 땅(土) 위에 오직 한 사람(一)만이 있는 형국이니 기필코 임금이 될 운세로다!"

이번에도 거지가 같은 글자를 짚었는데 점쟁이는 명쾌하게 그의 운세를 일러주었다.

"길(土) 위에 사람이 한 일(一) 자로 길게 누운 꼴이니 앞으로 길에서 얼어 죽을 팔자다!"

사실이었는지는 확인되지 않지만 이와 같은 일화는 오랫동안 전해지고 있다. 그만큼 조선시대에도 점술과 점쟁이는 많은 사람들 곁에 존재했다는 증거이다.

조선시대 후기로 접어들면서 점술은 더욱 사람들과 밀접한 관계를 유지해나갔다.

고종 때 궁인 이씨가 완화군(完和君)을 낳자 고종은 매우 기뻐하며 원자로 삼으려 했다. 그러나 대원군이 서두르지 말라고 간하자 고종이 외눈박이 점술가 박유붕을 불러 완화군의 관상을 보게 하였다. 그런데 박유붕이 완화군이 너무 어려 상(相, 얼굴)이 올라오지 않아 관상을 볼 수 없다고 주저하며 말하였다.

"원자 책봉을 조금 늦추십시오."

고종은 노여워하며 박유붕이 운현궁의 사주를 받았다고 의심했다. 그로부터 오래되지 않아 박유붕은 죽었다.

고종과 관련된 일화가 또 있다. 고종이 어느 날 꿈속에서 밭 전(田) 자를 보았다. 신하 한 사람이 해몽을 하였다.

"밭 전(田) 자는 어(魚) 자에 머리와 꼬리가 없는 것이니 도마에 오를 물고기 팔자고, 갑(甲) 자에 다리가 없는 것이니 군사력이 약해지며, 입(口)이 열 십(十) 자에 싸여 네 개의 입(口)을 만든 것이니 의견이 하나로 모아지지 않아 앞으로 나라가 위태로울 것입니다."

글자로 풀이하는 이와 같은 점술은 양반가나 왕실뿐만 아니라 민간에서도 널리 유행되던 것이었다. 특히 그 가운데는 남녀 간의 사랑에 얽힌 일화들이 많다.

어느 마을에 사는 한 총각이 이웃 마을 처녀에게 만나고 싶다는 편지를 보냈다. 처녀에게서 곧 답장이 왔는데 그 안에 문서 적(籍) 자만 달랑

점괘 기괴하고도 신비함을 자아내는 고송 앞에 점판을 벌인 승려와
거사(居士)의 모습 국립중앙박물관 소장

적혀있자 총각은 혼자서 싱글벙글 좋아하기 시작했다.

주위 사람들이 의아해하며 그 이유를 물어보자 총각은 다음과 같이 풀이를 해주었다.

"적(籍)을 하나하나 풀어보자면 제일 위에 있는 글자는 대나무(竹) 밭을 뜻하는 것이오, 왼쪽은 오라는(來) 뜻이지. 그리고 오른쪽의 석(昔)은 열 십(十) 자가 2개에 한 일(一) 자가 받침으로 있고 그 아래 날 일(日)이 있는 것이니 결국 '21일(二十一日)에 대나무 밭으로 오라'는 말이니 기분이 좋을 수밖에."

물론 어느 임금의 통치능력이나 그에 따른 국운 그리고 어떤 백성의 결혼운과 자식운 등을 보기 위해서만 점술이 존재했던 것은 아니다. 미래에 대한 모든 것들을 추리하고 앞서 예측하는 것이 점술이다. 그렇다면 사냥과 농사에 필요한 운에서부터 천재지변에 이르기까지 다양한 영역에 쓰였을 것이다.

그래도 현재보다는 모든 면에서 상대적으로 복잡하지 않았을 시대이고 보니, 점쟁이의 점괘는 그만큼 신통력을 발휘하지 않았을까. *

숭례문 주변에 보도블록을 깔았다

　최근 숭례문을 복원하기 위해 벌인 외부 지역의 발굴조사에서 현재의 보도블록과 같은 박석(薄石)을 깔았던 흔적이 발견되었다.

　박석은 흰색의 얇고 넓적한 돌이다. 그렇다면 조선시대에도 도로에 포장을 했었다는 증거이다. 숭례문 주변의 경우는 조선시대 후기부터 대한제국 말까지 사용된 도로의 흔적이다.

　박석을 깔았던 곳이 또 있었는데, 일명 박석고개라고 알려진 박석현(薄石峴)이다. 그 중 한 곳이 현재 은평구 불광동에서 갈현동으로 넘어가는 고개인데, 이와 같은 명칭이 생긴 데는 여러 설이 있다.

　이 고개가 서오릉으로 연결된 능선에 있기 때문에 풍수지리학적으로 중요한 곳으로 보았다. 그래서 지맥이 깎이지 않도록 보호하기 위해 박석을 깔았다는 설이다. 또한 인근에 궁실 소유의 논과 밭이 있었는데, 이곳을 드나드는 사람들이 흙을 밟지 않도록 하기 위한 조치였다는 설도 있다.

숭례문 태조 4년(1395) 시공해 3년에 걸쳐 완성된 국보 제1호. 조선시대 서울 도성을 싸고 있던 성곽의 정문으로 최고 목조 건축물인데, 2008년 2월 10일 석축만 남긴 채 전소됨. 현재 복원 작업 중임

한편 이곳은 울창한 숲으로 뒤덮인 지형이라 산에서 흘러내린 물로 항상 질척거렸다. 그래서 중국 사신들이 드나들면서 불평을 하자 길을 닦고 박석을 깔았다고 해서 그 이름이 생겨났다고도 한다.

종로구 중학동에 있던 한국일보사 후문 쪽에서 언덕으로 이어지는 곳도 박석고개라 불렸다. 이곳 역시 비가 오기만 하면 땅이 진흙탕으로 변해 박석을 깔았다.

박석이 조선시대 전역에 깔린 것은 아니다.

박석현과 궁궐 내부 또는 숭례문 부근 등 극히 일부 지역에 국한되었다. 하지만 그 정교함에 있어서는 놀라운 정도이다. 숭례문의 경우 우선 갈색의 사질토를 140cm 가까이 여러 번 다져서 쌓은 뒤 박석을 깔았다. 도로의 폭은 현 서울역 방향으로는 25m에 이르고 도심 방향으로는 26m에 달한다.

그런데 숭례문을 통과하는 도로 한가운데서는 박석이 발견되지 않았다. 안타깝게도 일제가 1899년 전차의 선로를 놓기 위해 제거했기 때문이다. *

종이로 만든 속옷을 입었다

조선시대 군사들은 종이로 만든 속옷을 입은 채 변방을 지키며 겨울철 전쟁터를 누볐다고 한다.

지의(紙衣), 즉 종이 옷이라고 해서 종이를 물에 풀어 속옷 형태로 만들어 입었던 것이다. 조선시대 종이의 원료인 닥나무의 섬유질은 보온에도 뛰어나서 가능했던 일이다. 그래서 선비들 사이에서는 보던 낡은 책이나 서찰 등 온갖 파지들을 모아두었다가 겨울이 닥치면 변방에 있는 군사들을 위해 보내는 것이 관습처럼 돼버렸다.

조선시대 종이의 실용적인 우수성은 곳곳에서 발견된다. 세조 때 학자였던 김수온은 파지로 만든 이불을 덮고 잤다는 일화도 전해진다. 또한 종이의 질긴 성질을 이용해 끈을 꼬아 신발을 만들어 신고 다니기도 했다.

조선시대 종이, 한지의 가장 멋들어진 면모를 드러내주는 것이 장지문이 아닐까. 장지문은 닫고 있는 상태에서도 공기가 한지를 통과해 자

낙선재 낙선재 안채의 한지로 만든 장지문이 돋보인다.

연스럽고 효과적인 환기를 기대할 수 있다. 실내에 습도가 높으면 한지
가 습기를 빨아들였다가 건조해지면 그 만큼 배출해 늘 쾌적한 상태를
유지해주기 때문이다.

햇빛을 가리는 역할에 있어서도 한지는 뛰어난 기능을 갖고 있다. 햇
빛을 거의 차단하는 다른 창문들과는 달리 적절한 조절능력으로 실내
분위기는 물론 사람의 심리까지 안정감 있게 만들어준다. 조선시대 한
지의 우수성은 더욱 알려져 중국에서 조공품목으로 요구해오기도 했는
데 그 양이 엄청났을 정도였다.

조선시대 후기로 접어들면서 종이를 제조하는 조지서에 문제가 생겨
남부지방에 있는 사찰에 그 일을 넘길 수밖에 없었다. 결과적으로 조선
시대 후기의 종이는 대부분 사찰에서 만들어졌다고도 볼 수 있다. 그런
데 문제는 한지를 만드는 과정이 너무 복잡하고 고된 노동을 필요로 했
다는 점이다. 우선 닥나무를 베어 껍질을 벗겨내고 맑은 물에 씻은 다음

잿물에 삶고 절구를 이용해 으깨어 닥풀을 만들고 발을 이용해 그것을 떠서 말리는 과정을 거쳤다. 또한 불순물들을 제거한 뒤 다듬이질까지 마쳐야 하는 등 고역이라 도중에 견디지 못한 승려들이 도망치는 일도 허다했다.

관아의 까다로운 눈 때문에 종이를 다 만들어 놓고 퇴짜를 맞는 일도 적지 않았다. 완성된 종이는 일단 품질검사를 거쳐야 했는데, 담당자들이 조금이라도 마음에 들지 않으면 일부러 먹물을 뿌리고는 다시 만들라고 횡포를 부리기 일쑤였다. 결국 이런저런 이유로 승려들이 하나 둘 떠나버리자 문을 닫는 사찰도 생겨났다.

정조 때에 와서는 선비들 사이에 작게 만든 중국산 책들을 수입해 보는 풍토가 있었다. 이 사실을 알게 된 정조는 화를 내며 큰 책을 더 많이 만들도록 지시를 내렸다. 그 결과 종이는 모자랄 수밖에 없었는데, 이때 서둘러 만들어진 것이 초초지였다. 초지는 정성은 물론 그 과정조차 생략해서 만들어진 품질이 떨어지는 종이였다. 그런데 그보다 더욱 질이 좋지 않은 종이인 초초지가 탄생된 것이다. 여기서 '초초'는 '바빠서 간략하고 거칠다'라는 의미를 갖고 있는데, 그래서 초초지를 '헐레벌떡 종이'라 부르기도 했다.

그러나 조선시대에는 다양한 재료들을 이용해 여러 우수한 종이를 만들어냈다는 것만은 부정할 수 없다. 이미 세종 6년(1424)에 댓잎과 솔잎은 물론 볏짚까지 이용한 새로운 종이를 제조했었다. 이는 책의 특성에 맞춰 사용하기 위해서였다.

이처럼 한지의 우수성을 바탕으로 다양한 용도의 종이까지 제조할 수 있었던 조선시대는 충분히 종이의 나라라고 할 수 있다. ✽

연하장으로 새해를 축하했다

조선시대에도 연하장처럼 새해 첫날 그림을 주고받으며 인사를 대신했다.

새해를 송축하기 위한 설 그림이란 의미로 세화(歲畵)라고 했는데, 연하장이 새해를 축하하기 위한 간단한 글과 그림을 담아 보내는 것이라고 할 때 지금과 크게 다르지 않은 풍속이 아니었을까.

신년 초 문간에 붙이던 문배(門排)와 흡사한 것이라고도 할 수 있다. 문배는 한 해의 액운을 물리치기 위한 일이었지만, 세화는 그와 함께 신년을 축하하는 의미도 포함하고 있었다. 그래서 새해가 되면 서로 세화를 주고받으며 복을 나눴다.

세화는 원래 궁궐에서부터 시작되었다고 한다. 조선시대 후기 학자 홍석모가 지은 『동국세시기』를 보면 '도화서에서 수성(壽星)과 선녀 그리고 직일신장(直日神將)과 같은 그림을 임금에게 올리고 서로 선물하는 것을 세화라 한다' 고 나와 있다.

십장생도 세화의 소재로 주로 사용된 십장생도 국립고궁박물관 소장

    도화서에서 화원(畵員)이 세화를 그려 진상을 하면 임금은 왕족이나 신하들에게 하사했다. 한 해의 복을 기원하고 액을 쫓는다는 의미로 다양한 소재들이 이용되었다. 주로 상서로운 동물들이 등장했고 액을 쫓기 위한 의미로는 호랑이와 용을 쓰기도 했다. 또한 화초와 선녀 그리고 장군 등의 인물과 함께 무병장수를 기원하는 십장생도 그림의 소재가 되었다.

    신년 초 복을 기원하던 것이 세화였지만 상황에 따라서는 푸대접을 받기도 했다.

    태종 8년(1408) 태종은 도화서에 '국상 3년 동안에는 세화를 바치지 말라' 는 명을 내린 적이 있다. 국상 중에 살아있는 사람들이 복을 주고받는다는 자체가 껄끄러운 일이라서 그랬을 수도 있다. 연산군의 경우는 '세화는 한낱 종이와 먹만 낭비할 뿐' 이라는 이유로 더 이상 그리지 못하게 하기도 했다.

    그러나 세화는 문배와 함께 새해를 맞이하면서 서로의 복을 기원하고, 무병을 소망하던 조선시대 정감어린 풍속임에는 틀림없다. ✽

거지도 나라에서 돌보았다

조선시대 거지 가운데는 대물림을 할 수밖에 없는 처지들도 많았다.

그 시절 떠돌던 거지들은 낙천적인 성격을 타고 났고, 일종의 멋까지 있는 경우가 많아 집단을 이룬 채 장마당을 돌며 장타령을 불렀다.

이들을 각설이패라고도 했는데, 거지가 되는 가장 큰 요인은 전란이나 재해 등으로 재산과 가족을 잃어 생계를 유지할 수 없었기 때문이다. 정신박약, 노약, 질병 등으로 생활능력을 상실했을 때도 걸식을 하는 처지가 될 수밖에 없었다.

한성을 중심으로 모여든 거지들은 주로 청계천의 광통교(광교)나 효경교(세운교) 아래서 집단을 이루며 조직적인 생활을 했다. 거지도 나라의 백성이었기에 임금의 입장에서 외면할 수만은 없는 일이었다. 그래서 정조 임금 이후에는 왕실에서 거지들에게 관심을 보여 겨울이면 필요한 가마니나 옷가지 등을 하사했다는 기록도 있다.

특히 헌종 2년(1836)에는 거지에게 이재민의 구제 차원에서 은전을 베풀기도 했다. 이때 평소 옷이 얇아 고통을 겪고 있던 군병들에게도 은전을 내렸는데, 그 후로도 헌종의 이들에 대한 관심은 계속 이어졌다.

나라의 도움은 거지들에게 있어서 최소한의 생활을 유지할 수 있는 유일한 끈이 되었다. 하지만 나라에 흉년이 닥치고 더욱 곤궁해져 거지들은 쉽게 사라지지 않았다. 오히려 집단을 이룬 각설이패들은 장마당을 돌며 장타령을 부르면서 자기들만의 멋과 사는 맛을 이어나갔다.

18세기로 접어들면서 거지들의 집단화 현상은 더욱 두드러졌다. 한성의 도성 안에는 상당수의 거지들이 거대 집단을 이루며 살았다. 이들은 각자 우두머리인 패두(牌頭)를 뽑아 움막을 짓고 은신하며 공동체 생활을 유지했다. 각자 구걸을 나갔다가 저녁이면 움막으로 모여 확보한 음식들을 나누는 등 패두 아래 상하 명령계통을 충실히 세워나가기도 했다.

패두가 시원치 않다고 여겨지면 집단으로 저항을 해서 몰아내고 새로운 자를 내세우기도 했다. 이런 과정에서 죽는 자도 속출했는데 주로 수표교나 가급적 자신들의 움막에서 먼 다리 밑에 갖다버렸다. 아무리 더러운 환경에 살고 있지만 시체가 썩고 그로 인해 발생되는 전염병 등은 이들도 꺼려했다.

한편 품바는 원래 타령의 장단을 맞추고 흥을 돋우는 소리를 뜻했는데, 조선시대 후기까지 입장고라 불렸다. 그 후 일제강점기를 거쳐 1960년대까지는 입으로 뀌는 방귀라고 해서 일반사람들이 입방귀라고 표현하기도 했다. 그러나 현재는 동냥을 하는 거지나 각설이의 대명사로 더 알려져 있다.

거지들의 운명은 참혹했던 것이 현실이었다. 전국을 떠돌며 구걸을

거지들생활상
다리 밑에서 생활하는
거지들의 생활상을 그린 그림

하거나 집단을 이루며 장터를 헤매도 달라질 것은 없었기 때문이다. 결국 떠돌다 굶어죽거나 동사하는 일이 허다했고, 병이 든 채 다리 밑에 버려져 한 많은 생을 마감해야 했다.

하지만 조선시대 전역을 떠돌며 불러댔던 장타령만큼은 그들만의 멋을 담은 채 아직도 전해지고 있다.

작년에 왔던 각설이 죽지도 않고 또 왔네.

으허 이놈이 이래 뵈도 정승 판서 자제요.

팔도 감사 마다하고 돈 한 푼에 팔려서 각설이로만 나섰네……

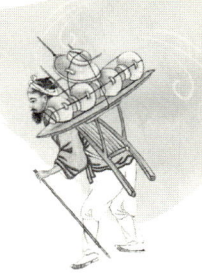

김홍도도 춘화를 그렸다

춘화(春畵)는 남녀의 성애 또는 성행위를 묘사하거나 상징적으로 표현해 놓은 그림으로 기원 전 2세기경부터 시작되었다고 한다. 중국 한나라 때 한 왕자는 알몸으로 성행위를 하는 남녀의 그림이 그려진 병풍을 자신의 접견실에 세워두기도 했다.

당나라 때는 기방을 장식하는 병풍에 춘화가 빠지지 않았으며 이를 그리려고 하는 화가도 많았다. 그 후 16세기로 접어든 명나라 때는 채색 목판화의 발달로 춘화의 제작과 보급이 더욱 활발해질 수 있었다.

중국의 춘화가 일본으로 전해진 것 역시 오래 전이다. 8세기 때인 헤이안 시대에 이미 춘화집이 전파되었는데, 처음에는 여성을 위한 성교육용 교재나 무사들의 액땜용 부적으로 쓰였다. 그러다 17세기 무렵인 에도 시대로 접어들면서 다시 중국의 춘화 보급이 활발해졌다.

이때 일본은 자신들만의 화풍으로 나름대로 발전시키기도 했다. 그런데 일본의 화가들은 남녀의 알몸이 성적인 매력을 갖는다거나 아름다운

김홍도의 「춘화사계첩」 중

것으로 여기지 않아 등장인물이 반라의 차림인 것이 적지 않다. 반면에 중국과 마찬가지로 채색은 화려한데, 남녀의 주요 부위를 과장되게 묘사하는 특징도 드러내고 있다.

조선의 경우는 명나라에 간 사신을 수행했던 역관이 이따금 몰래 가져오는 것이 전부였다. 중국의 책방 앞에서 머뭇거리는 조선의 역관이 있으면 주인이 안으로 데리고 가서는 슬그머니 춘화도첩을 내밀었다고 한다. 그렇게 조선으로 들여온 춘화는 빠른 전파를 탔고, 화가들도 처음에는 당황했지만 차츰 흥미로운 춘화에 관심을 갖게 되었다.

조선시대에 춘화가 본격적으로 보급되고 판매까지 이루어진 것은 임진왜란 이후이다. 18세기로 접어들면서 인구 급증과 함께 새로운 부유층인 중인계급이 탄생하면서 기방과 색주가도 늘었다. 이와 같은 변화에 따라 춘화의 판매와 보급도 본격화되었다.

중국과 일본에 비해 조선시대 춘화의 경우는 유명한 풍속 화가들이 예술성을 지향하며 그렸다는 데에 의미가 있다. 춘화를 단순히 감각적인 면을 추구하거나 자극하는 도색화로 인식한 것이 아니라 예술작품으로 승화시켰다.

김홍도의 『춘화사계첩』은 사계절을 배경으로 제작된 것인데, 유려한 필치와 높은 회화성을 인정받고 있다. 대부분의 화폭은 사계절에 따라 변화되는 자연의 아름다움과 음양의 조화를 담고 있다.

그 대표적인 춘화도가 〈월하연인〉이다. 밝은 달밤에 남녀가 야외에서 돗자리를 깔고 정을 나누고 있는 그림이지만 전혀 음란하지가 않다. 오히려 춘화라기보다 아름다운 풍경을 그려낸 산수화 같다는 느낌마저 들게 한다.

단순히 남녀의 관계를 강조한 것이 아니라 자연경관과 함께 서정성 등을 담아내고 있기 때문이다. 또한 노승과 처녀가 방 안에서 정사를 나누고 있는 모습을 창문 밖에서 발을 젖히고 훔쳐보는 다른 승려의 그림은 희화성(戲畵性)과 함께 묘한 긴장감을 주고 있기도 하다.

이처럼 단순한 볼거리가 아닌 이야기가 들어있는 그림은 신윤복의 경우도 예외는 아니었다. 신윤복은 여기에 심리적 묘사까지 가미한 작품을 남겼다.

〈단오풍정〉이란 작품을 보면 상체를 드러낸 채 몸을 씻고 있는 여인들을 훔쳐보는 승려를 등장시켜 해학과 풍자적인 면을 부각시켰다. 또한 은은한 담채화로 단순한 성애가 아닌 예술성에 더 중점을 두었다는 점을 알 수 있다.

신윤복은 감각적인 면을 강조한 보다 사실적이고 구체적인 춘화도 그렸다. 그 영향으로 다른 화가들에 의해 더욱 적나라한 춘화들도 만들어졌다. 하지만 서명과 낙관을 남긴 김홍도나 신윤복과는 달리 자신을 숨긴 채 세상에 내놓은 것들이 대부분이다. 그만큼 조선시대의 춘화는 사회적 제약 등으로 크게 발전할 수 없었다.

조선시대에 더욱 춘화가 발전할 수 없었던 또 한 가지 이유가 있었다. 일본의 창기가 조선으로 들어오고 노골적이고 화려하면서 저가의 춘화들까지 대량으로 보급되었기 때문이다. 그 결과 조선시대 춘화는 19세기 말 거의 쇠퇴할 수밖에 없었다. *

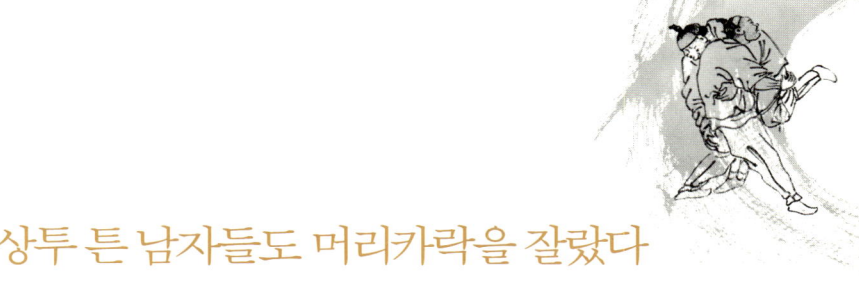

상투 튼 남자들도 머리카락을 잘랐다

'신체발부는 수지부모이니 불감훼상이 효지시야(身體髮膚, 受之父母, 不敢毀傷, 孝之始也)'라는 정신을 지키며 살았던 것이 조선시대 남자들이었다. 그러나 신체 한 부분에 있어서만큼은 예외가 허용되었다.

상투를 튼 남자들이라면 정수리의 머리카락을 어쩔 수 없이 잘라내야 했기 때문이다.

상투는 태어나서 한 번도 깎지 않은 채 기른 머리를 빗어 올린 것이 아니다. 정수리 부분의 머리를 동그랗게 깎고 옆의 머리를 빗어 올려 튼 것이 상투이다.

머리카락이 많으면 많을수록 열을 발산시킬 수 없어 더운 여름철이면 특히 곤욕스러울 수밖에 없었다. 그래서 열을 발산시키기 위해 정수리 부분의 머리를 깎아내고 나머지 머리만을 빗어 올려 틀었다. 이때 정수리 부분을 깎아내는 것을 '배코 친다'고 했다.

상투는 추계 또는 수계라고도 하는데, 사마천의 『사기』에는 위만이 고

기와이기 상투튼 남자들이 기와를 이는 모습   국립중앙박물관 소장

조선에 들어올 때 북상투를 했다고 기록되어 있다. 또한 『삼국지위지동
이전』에는 '사람들이 관모는 쓰지 않는 대신 날 상투만을 했다'는 기록
도 있으며, 고구려 고분벽화에서도 상투가 발견되는 걸로 보아 삼국시

대에 이미 풍습으로 정착된 것으로 보인다.

그 후 고려시대에도 몽골의 지배를 받을 때를 제외하고는 상투가 일반화 되어 조선시대까지 이어졌다. 몽골의 지배를 받았던 고려시대 후기에는 개체변발이란 것을 해야만 했다. 몽골의 풍습에 따른 것으로 상투와는 반대로 정수리 부근의 머리카락만 남겨둔 채 나머지를 박박 밀고 뒤로 묶어 아래로 길게 땋아 내린 모양이었다.

상투 꼭지의 정상에는 금·은·구리 등으로 만든 동곳을 꽂아 장식하기도 했다. 머리카락이 흘러내리는 것을 방지하기 위해 망건을 썼으며 이마 앞부분에는 갓을 고정시키기 위한 풍잠을 달았다.

상투를 처음 하는 사람에게는 어색하고 약간의 고통도 있었을 것이다. 또한 정수리 부근을 깎아냈다고 해도 한여름에는 망건 등으로 그 열기는 쉽게 가라앉힐 수 없었을지도 모른다. ✽

비를 막을 수 없는 우산이 있었다

'벼슬하기 전에 일산(日傘) 준비한다'는 속담이 있다.

과거급제도 하기 전에 높은 벼슬아치들이 쓰는 일산을 먼저 준비한다는 뜻이다. 결국 앞으로 어떻게 일이 진행될지 모르면서 다 이룬 것처럼 서둘러 준비하려는 것을 비유한 것이다.

일산은 햇빛을 가리기 위한 커다란 양산으로 임금이나 왕자들이 행차를 할 때 쓰이던 것이다. 위엄을 드러내는 것으로 자루가 길며 계급에 따라 모양이나 색이 달랐다. 이는 곧 권력을 상징하는 도구가 되기도 했다.

광해군 4년(1612) 봄 성균관 진사 임숙영이 책문시(策問試)에서 광해군의 아내 유씨 일가족과 정치를 풍자하여 비평한 글을 지어 논란을 일으킨 적이 있었다. 이 일을 보고 당시 시를 잘 짓기로 유명했던 문인 권필이 현실을 더 적나라하게 비판하기도 했다.

궁 버들 청청한데 꾀꼬리 요란하게 나는구나.

성에 찬 관개가 봄볕에 상긋거리네.

조정에선 함께 태평의 즐거움을 나누려 하는데

누가 위태로운 말이 포의의 입에서 나오게 시켰는가.

여기서 관개(冠蓋)는 갓과 지위를 상징하는 커다란 양산인 일산으로 곧 벼슬을 한 사람을 지칭한 것이다.

그런데 삼국시대 고분벽화에 최초로 등장한 일산은 그 후로도 비를 가리는데 쓰였다는 기록이 거의 없다. 우산의 형태를 갖추고 있었지만 임금과 몇몇 지배 계급만이 양산으로 혹은 의례용으로 사용했던 것이다.

일반 백성들은 비가 오면 도롱이, 갈모, 삿갓이나 기름을 먹인 종이로 만든 주름진 모자 등을 썼다. 비록 우산처럼 넓은 면적을 가릴 수는 없었지만 양손이 자유롭다는 장점이 있었다. 특히 비를 맞으면서도 일을 해야 하는 농촌에서는 유용하게 쓰였다.

이와 같은 모습은 조선시대 후기까지 이어졌는데, 비를 가리는 것이 하늘을 거역하는 행위라고 여겼던 탓도 있었다. 우리나라는 오랜 농경 사회로 하늘에 대한 관심과 기대가 컸고, 실생활과도 밀접한 관계를 유지해 왔다. 그래서 하늘의 뜻을 거역하지 않으려는 정서가 굳어져 비가 내려도 애써 가리지 않았던 것이다.

비는 식량과 밀접한 관계가 있는 것이며 풍요와 행복을 가져다주는 대상이기도 했다. 한편 비는 홍수 등의 재앙도 주기 때문에 반대로 하늘에서 내리는 천벌이라는 믿음도 강했다. 그래서 비가 오지 않아 가뭄이 들면 잊지 않고 기우제를 올렸는데 임금이 직접 나서 행할 정도였다.

임금은 물론 조선시대 온 백성들은 하늘을 바라보며 살았다고 해도 과언이 아니다. 자연이 주는 것을 최상의 축복이라 생각하여 행여 부채로 바람을 일으키거나, 우산 등으로 햇빛과 비를 가리는 것을 금기시 하는 풍습도 생겨났다.

그런데 하늘을 가리는 것을 꺼려했던 조선시대 사람들도 비가 오는 날이면, 미처 갈모 등을 준비하지 못한 사람들을 위해 하나 더 지닌 채 외출을 했다고도 한다.

숙종 때 정홍순이 거리에서 비를 흠뻑 맞고 있는 선비에게 마침 여벌로 갖고 있던 갈모를 빌려준 적이 있었다. 그런데 선비가 그 갈모를 다시 돌려주지 않자 정홍순은 불쾌하게 생각할 수밖에 없었다.

훗날 그 선비를 다시 만나게 되었는데, 과거시험 합격자들과 대면을 하는 자리였다. 정홍순이 바로 과거시험의 관리감독 책임자였던 것이다. 정홍순이 선비를 보자마자 남의 호의를 가볍게 여기는 자는 관리로서 자격이 없다며 불합격을 시켜버렸다.

세종 때 청백리의 표상이었던 유관은 비가 오면 낡은 지붕이 새서 갈모나 삿갓 등을 펼쳐놓은 채 지낼 정도였다. 그러면서도 나만도 못하게 지내는 사람들은 어떻게 비를 피하며 사는지를 걱정했다. 그래서 우산을 청백리의 상징으로도 여기게 되었다고 한다.

우리나라에 우산이 들어온 것은 미국과의 수교가 이루어진 고종 19년(1882) 이후로 보고 있다. 하지만 하늘을 숭상하는 오랜 풍습과 정서 속에 비친 조선시대 후기 외국 선교사들의 모습은 낯설 수밖에 없었다. 그

신랑 영부
신랑이 혼례를 치루기 위해 일산을 쓰고 신부의 집으로 가는 모습

래서 어느 날 오랜 가뭄 끝에 비가 내렸을 때, 외국 선교사들이 우산을 쓰고 거리로 나섰다가 집단으로 폭행을 당한 일도 있었다. 선교사들은 당황했지만 선교활동에 지장이 생길까봐 오히려 그때부터 조선 사람들의 정서를 잘 따르고 존중해줄 수밖에 없었다.

그 후 우리나라에서 우산을 본격적으로 사용하게 된 것은 개화기 때 여학교에서 내린 교칙 때문이었다. 신학문에 눈을 뜬 소수의 여학생들은 얼굴을 가릴 수 있는 쓰개치마를 이용하면서까지 학교에 다녔다. 그런데 한 학교에서 이 쓰개치마를 사용하는 것을 교칙으로 막자 여학생들이 하나 둘 자퇴를 하는 일이 벌어지고 말았다.

유교사상이 아직 사회 전반에 규범으로 남아있던 시절이라 여학생들은 비록 신학문을 배우는 입장이었지만 어쩔 수가 없었다. 그래서 학교에서는 궁여지책을 내놓을 수밖에 없었다. 검은색 우산을 나눠주며 쓰개치마 대신 얼굴을 가리고 등교하라는 방안이었다.

그 후 검은색 우산을 쓰고 다니던 여학생들은 이것을 양산으로도 활용했다. 그러자 일반 여성들 사이에서도 서서히 우산을 양산 겸용으로 사용하는 풍조가 일기 시작했다. 또한 양장을 했던 신여성들 사이에서는 차츰 검은색 우산 대신 색깔이 다양하고 무늬가 있는 양산이 유행처럼 번지기도 했다.

우산이 본격적으로 사용되기는 했지만 그 후로도 오랫동안 기우처럼 여기던 것이 있었다. 방이나 실내에서 우산을 펼치는 것을 금기시했던 일이다. 하늘의 뜻을 거역한다는 정서가 남아있던 증거인데, 특히 방 안에서 우산을 펼치면 죄를 짓게 된다고까지 믿었다. 우산으로 빛을 가리고 있으면 감옥에 갇힌 죄인의 입장과 다를 바 없다고 여겼기 때문이다.

　이와 같은 오래 된 정서는 현재에도 일부 남아 있는 것으로 봐서 얼마나 하늘을 숭상하며 살았는지를 엿볼 수 있다. *

조선시대 이전부터 공중목욕탕이 존재했다

공중목욕탕이 없던 1920년 대 이전 우리나라 서민들의 목욕은 대부분 냇가나 강 혹은 호수에서 이루어졌다.

냇가는 조선시대 서민들에게 있어서 훌륭한 공중목욕탕이었던 셈이다. 겨울에는 물을 데울 수 있는 부엌에서 하거나 헛간을 이용하기도 했다. 양반이나 부유층의 경우에는 나무로 된 둥근 욕조를 안방이나 사랑방에 들여놓고 했다.

그러다 일제강점기 때인 1924년 일본이 평양에 최초의 공중목욕탕을 설립하면서부터 목욕문화에 전환점이 생겼다. 목욕탕은 부(府)에서 직접 운영하고 관리인을 임명하기도 했다. 관리인은 목욕탕 사용료를 받고 시설을 관리하며 사용 인원을 제한하는 일을 했다.

그 후 1925년 서울에도 공중목욕탕이 생겼으며, 해방 이후에는 인구 증가와 위생관념에 대한 인식의 변화로 사설 목욕탕이 등장하기도 했다. 이때부터 영업허가를 위한 시설 규정이 제정되어 지금의 다양하고 고급스러운 목욕문화로 발전할 수 있었다.

동방예의지국에서 여러 사람들과 어울려 알몸을 드러내놓고 목욕을 할 수 없다고 반대를 했다지만, 사실 우리나라 공중목욕의 역사는 이미 신라시대 때부터 시작되었다. 박혁거세와 그의 왕비인 알영이 동천과 북천에서 각각 목욕을 즐긴 것으로 문헌에도 나와 있다.

이것이 시초라고도 하는데, 이때의 목욕은 청결뿐만 아니라 미용과 종교의식절차의 수단으로까지 여겼다. 그래서 불교에서 목욕재계라는 말이 자주 쓰이는 것도 이 때문이다. 또한 죄수들에게는 마음을 깨끗이 씻고 거듭 나라는 의미로 일명 목욕 벌을 내리기도 했다.

법흥왕 때는 사찰마다 공중목욕탕을 설치하였다. 일반 민가에도 목욕 시설은 있었지만 공중의 개념으로는 이것이 최초이다.

한편 경주 안압지에서 출토된 석조로 된 욕조는 왕족이 쓰던 것이었 지만, 야외에 목욕시설을 갖추고 있었다는 것을 뒷받침 해주는 증거이 기도 하다. 이 욕조는 바닥을 마개로 막을 수 있게 하고 등받이와 여과 장치까지 구비해 신라인들의 지혜와 목욕문화에 대한 인식을 파악하는 데도 도움이 되고 있다.

고려 사람들은 신라 때보다 더욱 사치스럽고 고급스러운 목욕을 즐겼 다. 중국 송나라의 사신 서긍이 그림까지 그려 기록한 『고려도경』에 보 면 고려 사람들은 하루에 무려 서너 차례나 목욕을 했다고 한다. 또한 왕도(王都)인 개경(개성)의 시냇가에서는 남녀 혼욕까지 벌어졌다고 전해 진다. 여자의 경우는 치마를 입고 목욕을 했으며, 난초를 삶은 물을 이 용해 향기가 몸에 배도록 했다는 기록도 있다.

고려시대의 목욕문화가 사치스럽고 외향적인 것에 치중했다면 조선시대는 조금 달랐다. 유교사상이 중시되었던 탓에 외향적인 것은 물론 내면의 아름다움까지 추구하는 개념의 청결을 지향했다. 따지고 보면 조선시대에 와서 목욕문화가 더 크게 발달하지 않았나 싶다.

세종 11년(1429) 일본에 통신사로 다녀온 박서생이 배워서 시행할 만한 일들을 보고했는데 다음과 같은 내용이 있다.

일본인들은 노소를 가리지 않고 목욕하고 몸을 깨끗이 하는 것을 좋아해 큰 집에는 욕실을 설치해놓고 있습니다. 또한 여염집마다 여러 군데 욕탕을 설치했는데 매우 편리하게 잘 되어 있습니다. 탕(湯)을 끓이는 자가 각(뿔 나팔)을 불면 이 소리에 사람들이 앞 다투어 돈을 내고 목욕을 합니다. 우리 역시 제생원, 혜민국, 광통교 등지와 외방의 의원 등 사람들이 많은 곳에 욕실을 설치해 돈을 받고 사용할 수 있도록 하소서.

조선시대 임금들은 평소에도 궁궐 안에서 목욕을 했는데, 연산군의 경우 '놋으로 만든 커다란 욕조 네 개를 두껍고 튼튼하게 만들어 대령하라' 는 명을 내리기도 했다.

청결을 중시하던 조선시대 사람들은 단오날이 되면 창포물에 몸을 씻기도 했으며, 6월 보름날이 되면 계곡과 시냇가에서 목욕과 함께 물맞이를 하기도 했다. 제례 전에도 반드시 목욕을 하는 것을 잊지 않았다. 양반집에서는 욕조까지 마련된 헛간이나 정방이라는 목욕시설을 실내에 설치해 이용했다.

혼례를 앞둔 처자들은 욕조에 뜨거운 물을 받고 창포, 인삼, 복숭아

잎, 마늘 등을 넣어 목욕을 했다. 하지만 유교 사상 때문에 신체의 노출을 피하고자 남녀 모두 전라의 상태로 목욕을 하지는 않았다.

신라시대 때부터 발달해온 우리나라의 목욕문화는 이렇듯 단순히 몸을 청결하게 하는 수단이 아니라 다양한 목적으로도 이용되었다. 미용은 물론 질병을 치료하고 건강을 위하고 또 종교의식의 하나로도 활용되었다. ✽

　　고종의 서압은 특이하기로도 유명한데, 탄생 연월일인 임자년(1852) 7월 26일과 함께 일심결까지 포함된 모양이었다. 또한 총리대신을 지냈던 김홍집도 중국인이 만들어준 '피지 않은 꽃, 차지 않은 달'이란 뜻을 지닌 홍(弘) 자를 변형한 파격적이고 독특한 모양의 서압을 갖고 있었다.

2

조선시대, 조선 사람들

조선시대에도 사인으로 서명을 했다

조선시대에도 수결(手決)이라는 현재의 사인과 같은 서명이 있었다.

수결은 양인 신분 이상인 사람들이 사용한 자신만의 독특한 서명으로 붓에 먹을 묻혀 직접 쓰는 형식이었다.

문서에 자신의 이름을 쓸 때 초서로 풀어 적거나, 좌우상하 글자 위치를 바꾼 흘림체로 남이 알아보지 못하게 했다. 또한 한 일자를 가로로 길게 긋고 그 위 혹은 아래에 점이나 원 등을 덧붙여 일심(一心)이란 뜻을 드러내도록 하기도 했다. 이를 일심결이라고 했는데 관리일 경우 어떤 사안 등을 결재할 때 오로지 한마음으로 하늘에 맹세하고 사심이 없게 한다는 뜻으로 사용한 것이다.

공무에 관련된 문서의 경우 수결은 자신의 이름이나 직함 아래에 썼다. 이때 먹과 붓을 이용한 필체와 획의 장단 또는 농담과 필력 등으로 나름대로 독특한 서명을 만들어내기도 했다. 이는 쉽게 남들이 위조할 수 없게 하기 위해서였는데, 개성과 함께 예술적인 면도 담아낼 수 있었다.

수결은 붓으로 직접 쓰는 것을 원칙으로 했지만 도장처럼 나무에 새겨 찍기도 했다. 전국에 걸쳐 호구조사가 실시되면 담당관리가 손으로 일일이 수결을 쓰는데 한계가 있기 때문에 도장처럼 새겨 찍을 수밖에 없었다.

자신의 이름을 변형하여 문서나 편지에 서명하던 것이 또 있었는데 서압(署押)이 그것이다. 서압의 특징은 이름 가운데 한 글자를 초서로 흘려 쓰는데 있었으며, 두 글자를 합성해 독특한 자기만의 문양을 만들어 내기도 했다. 종, 거미, 항아리, 배 등 다양한 문양이 쓰였고, 한눈에 쉽게 알아보지 못하도록 복잡하면서도 과감한 변형을 시도하기도 했다.

서압은 원래 중국에서 유입되어 우리나라와 일본에 전해졌다. 하지만 일심결의 경우 중국이나 일본에서는 발견되지 않은 우리나라만의 독특한 서명 문화였다. 특히 일심결은 조선시대 관료들의 공정한 자세를 상징하는 것으로도 해석되어 그 의미가 깊다.

무릇 결송하는 관리가 문빙(증빙서류)에 성명은 쓰지 않고 다만 서압만을 하니 후일 여러 근거에 비추어 상세히 검토하기 어렵고, 관리가 또한 이것으로 인하여 마음을 쓰려고 하지 않아서 혹 착오를 가져 오게 됩니다. 이제부터 해당 관리가 곧 성명을 쓰고 서압하는 것을 형식으로 삼게 하소서.

태종 15년(1415) 형조에서 보고한 내용이다. 서압만으로는 서명에 문제가 있다고 판단한 태종은 수결하는 법을 세우라는 지시를 내렸다. 그러나 서압이 완전히 사라진 것은 아니고 수결과 함께 조선시대 후기까지

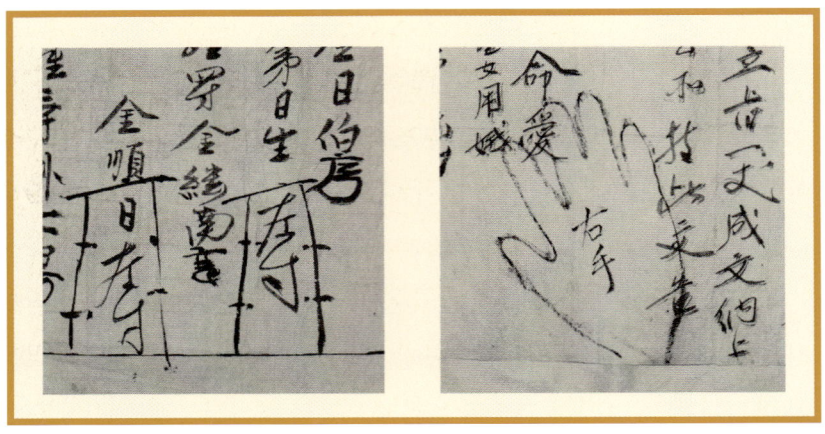

수결
왼쪽 그림은 수촌(手寸)으로 손가락을 문서에 대고 그려서 서명을 대신한 것이며, 오른쪽 그림은 수장
(手掌)으로 손바닥을 문서에 대고 서명을 대신한 것으로 여인들이 주로 사용함   국립중앙박물관 소장

서명의 형식으로 맥을 이어갔다.

고종의 서압은 특이하기로도 유명한데, 탄생 연월일인 임자년(1852)
7월 26일과 함께 일심결까지 포함된 모양이었다. 또한 총리대신을 지
냈던 김홍집도 중국인이 만들어준 '피지 않은 꽃, 차지 않은 달'이란
뜻을 지닌 홍(虹) 자를 변형한 파격적이고 독특한 모양의 서압을 갖고
있었다.

글을 모르는 상민이나 천민들은 수결 대신 자신의 손을 이용해 서명
을 할 수밖에 없었다. 조선시대 양반들은 토지나 노비 등을 매매할 때
직접 나서기 보다는 노비를 대리로 세우는 경우가 많았다. 이때 노비들
은 문서를 작성하면서 자신의 왼쪽 가운데 손가락 첫째 마디와 둘째 마
디의 길이를 재서 그림으로 그렸다. 글을 모르기 때문에 벌어진 일로 이
를 수촌(手寸)이라고 했다.

남자 노비의 경우 주로 왼손을 사용했기 때문에 좌촌(左寸)이라고도 불렸으며, 여자 노비의 경우는 오른손을 사용했는데 이를 수장(手掌)이라고 했다. 손바닥을 대고 그 모양을 그대로 그리거나 먹물을 묻혀 찍기도 했다. 그런데 양인이라도 여성일 경우 수결이 아니라 오른쪽 손바닥을 그려 서명을 대신하기도 했다.

그러나 수결과 수압으로만 서명을 했던 것은 아니고, 주요 공문서의 경우에는 도장도 사용되었다. 그러다가 친필 서명이 사라지고 도장만을 사용하게 된 것은 1910년 일제강점기가 시작되고 부터의 일이다.

자신의 이름만으로 서명하는 것이 현재의 도장이다. 하지만 조선시대에는 서명을 하기 위해 신분과 성별에 따른 수결, 수촌, 수장 등의 방식을 통한 친필이 필요했다. 이는 보다 확실한 결정과 그에 따른 책임을 중요시 했던 정신을 엿볼 수 있는 부분이다. ❊

사방 2km 안에는 같은 점포를 차리지 않았다

조선시대 선비에게 사도(士道)가 있었다면, 상인들에게는 상도(商道)가 있어 나름대로 의리와 원칙을 지켜나갔다.

벼슬은 하지 못해도 높은 학식으로 행동과 예절이 바르고 의리와 원칙을 소중하게 여기던 것이 선비였다. 그러나 비록 사농공상이라는 잣대로 천대되었던 상인들에게도 지켜야 할 도리는 존재했다.

육의전(六矣廛)에 있는 오리계(五里戒)라는 상도가 그 좋은 예다.

갓전(갓을 파는 점포)이 하나 생기면 그 중심으로 사방 2km(5리) 안에는 같은 점포를 차릴 수 없었다. 특정한 상품이 잘 팔린다고 해서 너도나도 그 주변에 점포를 열어 원조싸움을 하다 서로 망하는 현상은 찾아볼 수 없었다. 물론 그 근처에서 같은 품목의 행상조차도 해서는 안 된다는 철저한 상도가 지켜졌다.

봇짐 하나 등에 메고 전국을 떠도는 보부상에게도 지켜야 할 상도는 있었다. 그들은 정해진 자신의 지역이 아니면 비록 대바구니 하나 엿 조

장터 점포들의 늘어서 있는 장터의 풍경

각 하나라도 쉽게 팔지 않았다. 또한 그들은 서로 저고리를 맞바꿔 입는 것으로 우애를 다졌고, 절친한 상대방이 부모상을 당하면 3년 동안 자신 역시 술과 담배를 금하고 새 옷도 입지 않을 정도였다.

대한제국이 끝날 무렵(1910년 전후) 종로에 있던 점포들은 상품을 진열하지 않고 장사를 하기도 했다. 그래서 그 당시 미국 언론인 헐버트는 '물건을 숨겨놓고 파는 이상한 점포'라고 표현하였다. 점포에 상품을 진열하지 않아도 되었던 이유는 단골 위주로 신용거래를 했기 때문이다.

조선시대 상인들은 두 가지 장부를 통해 장사를 하며 그 맥을 유지해 갔다. 그 가운데 하나가 치부책인데 말 그대로 금전출납부의 성격을 띤 장부이다. 그런데 이보다 더 소중하게 여겼던 것이 녹심첩(錄心帖)으로, 곧 단골의 명단을 적은 장부이다. 여기에는 단골손님의 5대까지의 가계가 족보처럼 상세히 기록되어 있다. 또한 친가와 외가의 가계까지 들어 있어 상인에게 있어서는 가보와도 같은 존재였다.

녹심첩은 가업을 물려받을 때 그 어떤 상술보다 높은 가치로 평가될 수밖에 없었다. 그래서 평소 녹심첩은 신주단지 옆에 높이 모셔 두었고, 상운을 비는 제사를 지낼 때 제단에 올려놓는 소중한 것으로 삼았다.

무분별한 경쟁과 원조의 싸움, 그로 인해 발생되는 얄팍한 상술 또는 말뿐인 고객관리 등으로 무너지고 있는 현재의 모습 속에서 한번쯤 생각해볼 전통의 상도가 아닌가 싶다. *

뇌물로 형벌을 면하기도 하였다

태형과 장형

조선시대 죄인들은 매를 맞을 때, 뇌물을 주어 눈속임을 하거나 벌금으로 대신하기도 했다. 그 만큼 매는 단순히 고통을 받는 차원이 아니라 자칫 목숨까지 잃을 수도 있었기 때문이다.

조선시대 형벌은 오형제도로 태형·장형·도형·유형·사형이 있었다. 그 중에서 태형(笞刑)은 비교적 가벼운 죄를 범한 자의 아랫도리를 벗기고 볼기를 치는 형벌로 10대부터 50대까지 구분되었다.

장형(杖刑)은 조금 더 무거운 것으로, 볼기 50대에서 100대까지 구분하여 치는 형벌이다. 태형과 장형은 10일 안에 집행하는 것을 원칙으로 했다. 한편 도형과 유형은 20일, 사형은 30일 안에 결정을 따라야 한다는 규정을 두었다.

장형에 처해진 죄인은 목에 칼(항쇄)을 쓰는 것이 원칙이었지만, 수갑

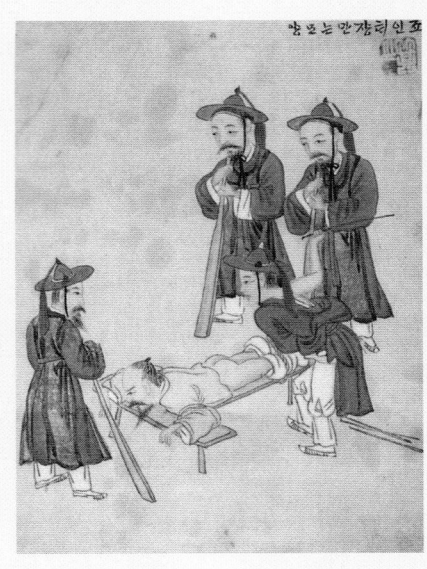

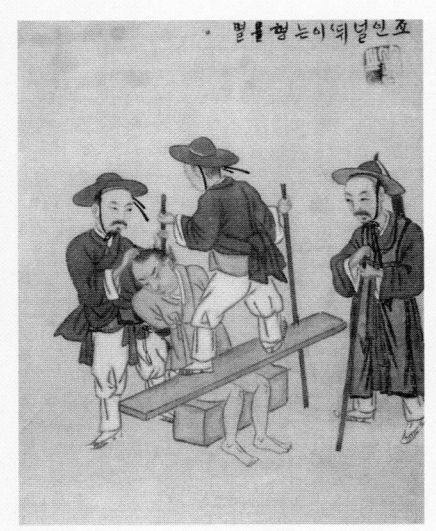

조선시대 다양한 종류의 형벌 「기산풍속도첩」

과 족쇄까지 차야했던 사형수에 비하면 그나마 자유로운 상태였다. 태형과 장형에 쓰이는 매는 노처럼 생긴 크고 넓적한 것이 아니라 거의 회초리에 가까운 것이었다. 태형에 사용되던 것은 1m 남짓한 길이에 볼기를 치는 부분의 지름이 1cm가 조금 못 되는 물푸레나무로 만든 매였다. 장형의 경우도 길이는 같고 볼기를 치는 부분의 지름만 조금 더 넓은 매가 사용되었는데, 그렇다고 몽둥이의 개념과는 달랐다.

한편 조선시대 후기부터 나타나는 곤장이라고도 하는 곤은 주로 도둑을 벌할 때나 군법으로 다스려야 하는 진영 등에서 쓰였다. 탄력이 있고 가벼운 버드나무로 만든 곤은 태형이나 장형과는 달리 볼기와 허벅다리를 나누어 쳤다.

끝부분이 굵고 넓적한 곤의 위력은 대단하여 대부분 10대를 넘기지 못한 채 살점이 뜯겨져 나가는 고통에 기절을 하기도 했다. 그래서 한 번에 30대 이상을 치지 못하도록 했다. 특히 곤 가운데 치도곤은 도둑을 처벌할 때 쓰였는데, 가장 굵고 길어서 엄청난 고통을 안겨주었다.

태형과 장형을 집행할 때 죄인이 남성일 경우 아랫도리를 벗기고 볼기를 치는 것이 원칙이었다. 여성은 홑옷을 입게 한 뒤 매를 쳤는데, 이따금 엉덩이에 물을 끼얹어 이른바 물볼기를 치기도 했다. 그런데 한 지방의 수령은 여성도 아랫도리를 벗긴 채 매질을 하게 했다고도 한다. 이처럼 형벌을 남용하거나 함부로 때린 관리 역시 장형이나 도형에 처해지기도 했다.

연산군 7년(1501) 궁궐에서 잔치가 벌어졌을 때의 일이다. 연산군이 연주를 하고 있던 기녀 내한매에게 음악에 대해 궁금한 것을 물은 적이 있었다. 그런데 내한매가 알고 있으면서도 모른다고 성의 없게 대답을 하자 화가 난 연산군이 국문을 열고 매를 치게 했다. 내한매는 뇌물을 써서 형리를 매수해 치마 속에 몰래 모피를 넣어 매를 맞았다. 이 일은 참의 민효증에게 발각되어 연산군의 귀에 들어갔고, 내한매는 결국 더 혹독한 매질을 당할 수밖에 없었다.

뇌물을 주고 치마 속에 모피를 깔아야만 할 정도로 태·장형의 매질은 견디기 힘든 일이었다. 그래서 아예 사대부들은 매를 맞지 않기 위해 1대당 얼마씩 벌금을 내기도 했다. 이는 '형벌은 대부에게 올라가지 않는다'는 전통에 따른 것으로, 이때 내는 벌금을 속전(贖錢)이라고 했다. 한편 관가에서 삯을 받고 남의 매를 대신 맞아 주던 매품 역시 이처럼 견디기 힘든 매질 때문에 생겨난 것이다.

사대부 부녀자로 볼기를 맞은 여성도 있었다.

중종 12년(1517) 군자감 판관 신수린의 아내 성씨가 여종을 잔인하게 죽인 사건이 벌어졌다. 문제의 발단은 신수린에게 있었는데, 그가 여종과 간통을 했기 때문에 성씨가 화를 참지 못했던 것이다. 성씨는 여종을 심하게 구타하고 돌로 얼굴을 쳐서 죽인 뒤, 그 시신을 거적에 싸서 신수린에게 내보이는 등 잔인한 행동도 서슴지 않았다.

이 사건으로 조정에 적지 않은 파문이 일었는데, 단순히 여종을 죽인 것 때문만은 아니었다. 주인이 노비를 죽였다고 해서 큰 문제가 되지 않던 시절이었다. 그런데 중종반정의 공신인 성희안의 누이동생이 바로 성씨였던 것이다. 더군다나 평소 성씨가 신수린을 업신여기고 투기가 심하다는 소문까지 나돌던 때에 벌어진 일이라 그 파장은 더욱 클 수밖에 없었다. 결국 성씨는 장 60대에 처해졌고, 신수린 역시 아내와 집안을 제대로 단속하지 못했다는 죄명으로 파직되고 말았다.

도형과 유형

도형(徒刑)은 중한 죄를 범한 자를 우선 장형에 처한 뒤 징역을 살게 하는 형벌이다.

복역 기간은 1년에서 3년까지 6개월 단위의 오등으로 나누었다. 낮에는 일을 하고 밤에 다시 옥에 갇혀 지내야 했다. 장 10대와 복역 6개월을 한 등으로 계산을 했으며, 군대에 동원시키는 것으로 대신하기도 했다.

유형(流刑)은 사형에 해당되는 죄를 범한 자를 먼 곳으로 귀양 보내 살게 하는 형벌이다.

유배형이라고도 불린 이것은 대부분 반역 등을 범한 정치범에게 적용되던 형벌이라 양반들이 주 대상이었다. 유형에 처해지면 장 100대가 반드시 함께 따랐는데 이를 장유 또는 장배라고 했다. 장을 맞고 유배지로 가던 도중에 죽는 경우도 더러 있었다.

귀양을 보내는 거리에 따라 2천리, 2천5백리, 3천리 세 가지로 나누었다. 그런데 한성을 중심으로 할 때 해당되는 지역이 없다는 것이 문제였다. 그래서 그 거리를 맞추기 위해 죄인을 다른 곳으로 돌게 한 뒤 유배지로 보냈다고 한다.

유형에는 비교적 가벼운 부처와 그보다 무거운 안치가 있다. 부처는 일정한 지역을 정해놓고 그 안에서만 살게 하는 형벌이다. 이때 가족과 함께 사는 것을 허락하기도 했다. 반면에 안치는 행동의 제한이 많았고 주로 왕족이나 고위관직을 지낸 사람들에게 적용되었다.

안치에는 세 종류가 있는데 죄가 무거울수록 조건이 나쁘고 거리도 멀어졌다. 죄가 가벼운 죄인의 경우 자신의 고향에서 연금생활을 하게 했는데 이를 본향안치라고 했다. 그 다음이 먼 변방에 두는 극변안치, 먼 섬에 두는 절도안치 순이다. 절도안치의 경우 함경도와 황해도 또는 남해의 섬들이 이용되었다.

출입 등을 더욱 엄격히 제한하는 위리안치도 있다. 가시나무(주로 탱자나무) 등으로 울타리를 친 처소 안에서만 생활하게 하는 것으로, 역시 주로 왕족이나 고위관직 출신 등 정치적 범죄를 저지른 죄인에게 해당되었다.

행실이 극도로 포악한 사람도 위리안치에 처해졌다. 명종 1년(1546) 평소 난폭하고 난잡한 성질을 갖고 있던 사옹원 주부 이건양이 수절하던 전 현감 한비의 첩을 겁탈한 사건이 발생했다. 양사(兩司, 사헌부·사간원)에서는 이건양을 유형에 그치지 말고 위리안치시킬 것을 청했다. 본래 난폭한 이건양이 변방에 오래 있을 경우 변을 일으킬 우려가 있다고 판단했기 때문이다.

특별사면이 있는 경우 유형에서 풀려날 수도 있었지만, 대부분 늙어 죽을 때까지 유배지에서 살아야만 했다. 태종 5년(1405) 5월에는 심한 가뭄과 갑작스런 천둥이 쳐서 도형과 유형에 처한 죄인들을 용서하여 석방했다는 흥미로운 기록도 있다.

교형과 참형 그리고 능지처사

사형(死刑)은 대부분 살인을 저지른 죄인에게 가해지던 형벌이다. 밧줄로 목을 매어 죽이는 교형과 칼로 목을 베는 참형이 있었다.

세종 10년(1428) 천민과 양민 처녀의 혼인과 강제 이혼이 빚어낸 청부 살인사건이 발생했다. 경북 청송에 살던 가이라는 양민 처녀는 부금이라는 노비와 간통하여 자식까지 두고 있었다. 관청에서 이 사실을 알고 두 사람을 강제 이혼시켜 가이를 일본인 손다에게 시집을 보냈다. 그러자 가이가 전 남편 부금과 모의하여 이웃에 사는 이내근내와 함께 남편 손다를 살해했다. 결국 가이와 이내근내는 교형에, 부금은 참형에 각각 처해졌다.

교형과 참형 모두 도성 밖에서 집행되었는데, 서소문 밖 사거리와 당고개(현 용산구 원효로 2가)가 자주 이용되었다. 또한 노량진 건너편에 있는 모래밭인 새남터에서도 사형이 집행되고는 했다. 참형의 경우 목을 베기 때문에 가족들은 시신을 수습하고서도 충격이 더 클 수밖에 없었다. 그래서 시신이 온전한 교형이 참형보다 그나마 가벼운 형벌로 인식되었다.

참형으로 잘려나간 머리는 형장에 그대로 방치해두기도 했지만, 대역 죄인의 경우 효수하는 것을 원칙으로 했다. 죄인의 머리를 성문에 매달아두거나 장대에 꽂아 걸어두었던 것이다. 죄인의 잘려나간 머리를 더 많은 사람들에게 보여 경각심을 주기 위해서였다. 또한 죄인의 팔과 다리마저 잘라내어 전국에 돌며 더욱 많은 사람들이 보게 하기도 했다.

반란이나 역모 등을 꾀한 대역죄인이 아닌 이상 양반들에게는 시행되지 않았던 것이 교형과 참형이다. 이때는 사약(賜藥)을 내렸는데, 죽음(死)을 위한 독약의 의미가 아니라 임금이 하사(賜)한 약이라는 뜻이다. 사약을 받은 죄인은 임금이 있는 곳을 향해 사배(한 번 엎드린 채 네 번 머리를 조아림)를 한 뒤 받아 마셔야했다.

교형과 참형보다 더 끔찍한 형벌이 능지처사이다. 노비로서 주인을 살해한 자, 존속을 살해한 자, 가족 3인 이상을 살해한 자, 대역죄를 범한 자 등에게 가해졌던 최대극형이었다.

원래 능지란 죄인을 산채로 묶어놓은 상태에서 온몸을 도막내어 죽이는 형벌이었다. 우선 팔과 다리를 잘라내고 어깨와 가슴을 분리한 다음 마지막으로 심장을 찌르고 목을 베었다. 그러나 조선시대에서는 능지처사 대신 거열로 집행했다. 말이나 소가 모는 수레에 죄인의 팔과 다리 그리고 목을 밧줄로 매달아 찢어 죽이는 환형이었다. 그렇게 여섯 부분으로 도막난 시신을 전국에 돌려 많은 사람들이 보게 했다.

태종 7년(1407) 남편 우동을 살해한 충청도 연산현의 내은가이라는 여인을 저자에서 거열한 일이 있었다.

그녀는 이웃집 남자와 정을 통하고 있었는데, 어느 날 그와 모의하여 남편 우동을 살해한 것이다. 태종은 작은 마을에서는 보는 사람이 많지 않으니 한양으로 올려 저자에서 거열한 뒤 사지를 여러 도에 보내 대중에게 보이라고 지시하였다.

대역죄인의 경우 신문을 받는 과정에서 죽더라도 시신에 대고 거열하기도 했다. 세조 때 사육신의 경우 산 사람은 물론 이미 죽은 사람까지 모두 거열을 당했다. 거열은 교형이나 참형과는 달리 도성 안에서 집행되었는데, 다른 관료들에게 보게 하여 역심을 품지 못하도록 하기 위해서였다.

한편 부관참시는 무덤 속의 관을 꺼내 시신의 목을 벤 다음 거리에 내거는, 특히 연산군 때 성행했던 극형이다. 연산군 4년(1498) 무오사화 때 세조의 왕위찬탈을 비난했다는 죄로 죽은 김종직, 그리고 연산군 10년(1504) 갑자사화 때 폐비 윤씨의 죽음에 관련되었다는 죄로 죽은 한명회가 그 대표적인 예다.

조선시대 후기에 있었던 더욱 끔찍한 형벌이 도모지(塗貌紙)이다. 이는 현재 쓰이고 있는 이럴 수도 저럴 수도 없다는 뜻의 부사 도무지의 어원으로도 보는데, 물에 적신 한지를 죄인의 얼굴에 겹겹이 발라놓는 것이다. 시간이 감에 따라 한지가 말라 죄인은 차츰 호흡이 힘들어져 결국 고통스럽게 죽을 수밖에 없었다.

그러나 참형과 거열 등은 그 후 고종 31년(1894) 폐지되고, 사형 집행은 교수형과 총살형으로 대체되었다. ✱

인기 직업과 3D 직업이 존재했다

조선시대에는 어떤 직업들이 각광을 받았을까?

우선 양반 관료들의 경우에는 영의정, 좌의정, 우의정을 선망의 대상으로 여겼다. 그 밖의 대사헌, 대사간 등도 남부럽지 않은 생활이 보장되어 선호하는 자리였다.

이처럼 신분상승을 위해서는 과거 시험을 치러야 했지만 누구에게나 응시자격이 주어지는 것은 아니었다. 서얼을 비롯해 상인, 무당, 승려, 노비 등을 제외한 양인 이상이 되어야 했다. 하지만 조선 후기로 가면서 가문을 중시하는 경향이 두드러지기도 했다.

과거 시험에는 문과, 무과, 잡과가 있는데, 특히 무과의 경우 많은 사람들이 몰렸다. 무과의 초시에만 합격해도 향촌에서 생원이나 진사처럼 한량으로 대우를 받을 수 있었기 때문이다.

잡과는 나라에서 필요로 하는 기술관을 선발하는 시험이었다. 통역관을 선발하는 역과(譯科), 의원을 선발하는 의과(醫科), 천문·지리와 길흉

등을 다루는 음양과(陰陽科), 법률지식을 필요로 하는 율과(律科) 등이었다. 모든 양인에게 응시자격이 주어졌지만 나중에는 중인의 자제들로만 제한하기도 했다.

이 중에서도 역관이 그나마 가장 인기 있는 직업이었다. 인기가 있다는 것은 곧 돈을 많이 벌 수 있다는 의미였다. 역관은 주로 청나라와 일본에 사신을 보낼 때 동행하여 통역을 해주던 직업이었다. 그런데 이때 역관들은 조선의 특산물을 가져가 그곳 상인들과 거래를 하기도 했다. 또한 그곳의 특산물을 다시 조선에 들여와 팔았기 때문에 나름대로 부를 축적할 수 있었다.

하지만 훗날 중인에게만 주어졌던 직업이라 그 이하 백성들에게는 꿈 같은 이야기일 뿐이었다. 그래서 천민들 가운데 스스로 거세를 하는 사람도 생겨났다. 내관이 되어 궁궐로 들어가면 그나마 신분상승이 보장된다고 믿었기 때문이다.

조선시대 직업의 선택은 지극히 제약적일 수밖에 없었다. 신분 탓도 있었지만 대부분 대물림되는 가계 속에서 삶을 이어가야 했기 때문이다. 특히 많은 수를 차지하고 있던 노비의 경우는 쉽게 신분상승을 꾀하거나 직업을 바꿀 수도 없는 처지였다.

조선시대 전국의 인구가 1천만 명이었던 16세기 때 노비의 수가 무려 3백만 명으로 총 인구의 3분의 1 이상이었다는 통계가 있다. 그 당시 벼슬아치와 양반들이 경쟁이라도 하듯 노비의 수를 늘리기 위해 애를 쓴 결과이다. 지방의 이름 없는 양반도 대략 10명에서 3백명 가량의 노비를 소유하였다. 그렇다면 유명한 세도가들은 그보다 훨씬 더 많은 노비를 거느렸다는 결론이다.

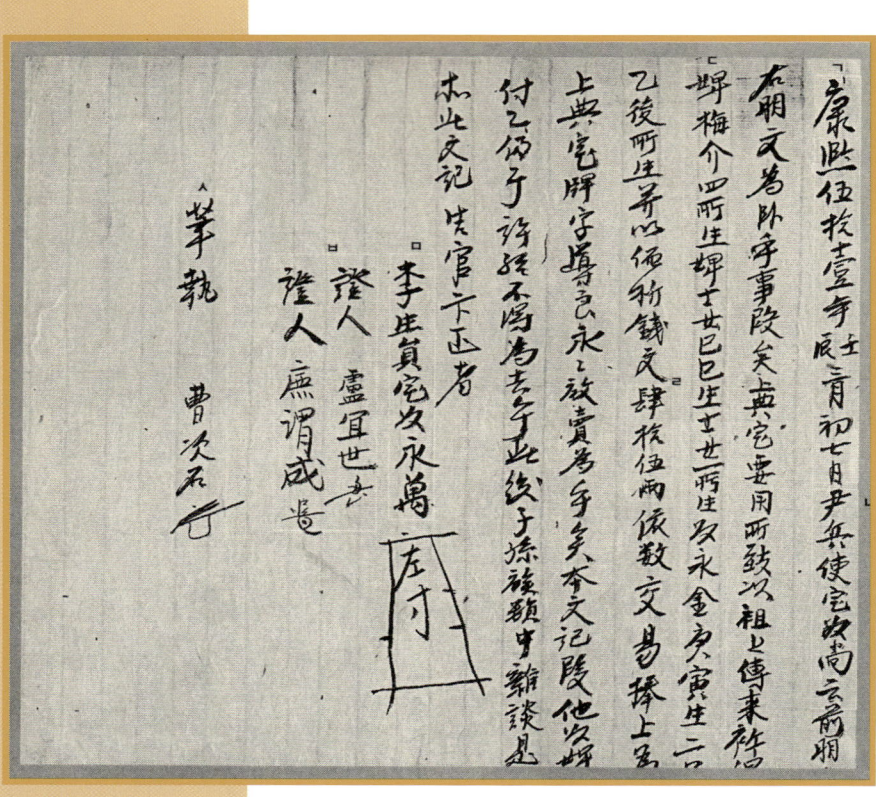

康熙伍拾壹年壬辰三月初七日尹斯使宅奴尙元前明

右明文爲卧乎事段矣上宅要用所致次祖上傳來稅□
婢梅介四所生婢士女巳生士世兩生及永金戊寅生二□
乙後所生幷以價文肆拾伍兩依數交易捧上爲
上典宅牌字導乙永乙放賣爲乎矣本文記段他處
付乙仍于許給不得爲去乎此後子孫族類中雜談是
去等以此文記告官卞正爲乎事

筆執　曹次石 [착압]

證人　盧宜世 [착압]
證人　庾渭成 [착압]
財主婢次永萬 [착압][좌촌]
李斯

명문(노비문서)
숙종 38년(1712) 노비 2명을 45냥에 매매하면서 작성한 문서
국립중앙박물관 소장

그중에서도 주인과 함께 거주하면서 집안일을 해야 했던 솔거노비들은 아예 다른 일은 꿈도 꿀 수가 없었다. 반면에 주인과 떨어져 살면서 다른 일을 할 수 있었던 외거노비는 그나마 직업선택의 자유를 누릴 수 있었다. 그들은 농사는 물론 상업 또는 어업 등을 통해 일정한 몸값을 주인에게 바치면 되었다.

조선시대에는 양반 관료들을 비롯해 몇몇 조건이 되는 신분만이 직업의 선택이 가능했다. 그 나머지 사람들은 이어온 직업을 천직으로 삼고 살아야 했는데, 대부분이 3D 업종에 해당되었다. 광업, 건축업, 농업, 제조업, 축산업 등과 노동이 따르는 온갖 부역이었다.

특히 나라에서 백성들의 노동력을 강제로 동원하던 부역은 무엇보다 꺼려했던 일이다. 궁궐의 신·증축, 임금의 묘 짓기, 성과 방죽 쌓기, 다리 놓기 그리고 조세미 운반, 얼음·땔감 채취, 금·은 등의 광물 채굴, 생선 말리기 등 모두 3D에 해당되었기 때문이다. ✽

낙서한 자는 무거운 형벌로 다스렸다

그 주범이 누구인지는 확실하지 않지만 조선시대에도 분명 낙서는 존재했다.

광해군 3년(1611) 숭례문에 낙서를 한 자가 있었다는 기록이 있다.

숭례문은 임금께서 조서와 칙서를 맞이하는 정문인데, 문의 좌우 돌에다 무뢰배들이 낙서를 마구 하여 붉은 글씨와 검은 글씨로 흉측스럽습니다.

그래서 병조에서 엄단할 것을 주장하며 숭례문 수문장을 추고하여 무겁게 다스리고 해당 관원은 가까운 곳의 동네 사람들을 데리고 가서 깨끗이 치우게 할 것을 청했다.

또한 다음과 같은 조치도 함께 시행할 것을 진언했다.

앞으로 종전처럼 낙서하는 자가 있으면 동네 안의 분수인(分守人) 및 수문장으로 하여금 현장에서 붙잡아 구금하여 힐문한 다음 오훼제서율(誤毀制書律)로 법을 적용하여 특별사면도 받지 못할 무거운 죄로 간주하게 하고, 만약 알고서도 보고하지 않는 분수인이나 수문장이 있으면 그 율로써 죄를 내릴 것을 승전(承傳)을 받들어 시행하게 함이 어떻겠습니까?

광해군은 윤허한다고 전교했는데, 오훼제서율이란 조선시대 제서에 적힌 임금이나 세자의 명을 어긴 죄를 처벌하던 법규였다.

조선시대에도 분명 낙서를 하는 사람들은 존재했겠지만, 그곳이 여염집 담벼락이 아닌 숭례문이라는 사실에 그 심각성은 높았다. *

사기도박꾼인 타짜가 존재했다

조선시대에도 도박은 성행했으며 속임수를 써서 이익을 챙기는 소위 타짜도 존재했다.

조선시대에 즐겼던 도박 가운데 하나가 투전(鬪牋)이다. 폭 2cm 길이 15cm쯤 되는 콩기름을 여러 차례 발라 굳힌 두꺼운 종이에 인물·짐승·물고기·새·곤충 등의 그림이나 시구와 문자 등을 그려 끗수를 조합하며 승부를 내던 놀이였다.

학자 이규경의 『오주행문장전산고』를 보면 원래 투전은 중국의 원나라 때 만들어졌다고 기록되어 있다. 그 후 임진왜란 때 명나라 군사들에 의해 조선에 전래되었다는 설이다. 한편 숙종 때 역관인 장현이 당상통역관으로 중국을 왕래하면서 가져왔다는 설도 있다.

성종 20년(1489)에는 도박으로 인해 싸움을 하다가 궁궐에 불까지 낸 일도 있었다.

내관인 김현손이 보고를 했는데 '문소전(태조의 비 신의왕후 한씨를 모신

사당)의 수복(守僕)인 석시 등이 어실(御室)에 들어가 쌍륙(2개의 주사위를 굴려 먼저 말을 나가게 하는 놀이)으로 술내기를 하며 서로 싸우다가 화로를 넘어뜨려서 지의(제사용 돗자리)를 불태웠다' 는 것이다.

수복은 묘와 능 또는 서원 등에서 청소나 제사를 맡아하던 구실아치, 즉 관원이 부리던 하급의 신분이었다. 그런 신분으로 임금이 잠시 쉬는 방인 어실에서 도박과 싸움을 하다 불까지 냈다는 것은 엄청난 사건이었다.

도박으로 전 재산을 날리고 떠돌이 생활을 하는 백성들까지 생겨나기도 했다. 고종 때 유영도가 올린 상소에 보면 '도성의 저자에서 놀고먹는 백성들이 함부로 술과 도박을 일삼다가 파산하여 유랑하는 지경에 이르고 있다' 는 내용이 있다. 이와 같은 폐단을 막아 백성들을 교화하고 풍속을 안정시키는 것이 무엇보다 시급하다는 목소리였다.

그래서인지 고종 21년(1884) 인천 제물포의 각국 조계 장정을 체결할 때 '도박장을 금지하라' 는 조항이 들어가 있다.

도박장이 있었다는 것은 자금을 빌려주는 사람도 존재했다는 뜻이다. 그렇다면 도박 빚 때문에 폭력과 살인 등도 발생했을 것으로 추측된다. 도박자금이 필요한 이유는 가진 돈을 잃었기 때문인데, 그 시절에도 전문 사기도박꾼인 일명 타짜가 존재했으리라는 것을 엿볼 수 있다. 왜냐하면 투전의 경우 종이에 그릴 수 있는 것이라 얼마든지 조작이 가능했기 때문이다.

투전과 함께 도박의 양대 산맥으로 불렸던 골패(骨牌)는 동물의 뼈나 상아로 만들어졌기 때문에 조작이 쉽지 않았다. 서민적이지 못하다는 면도 있었지만, 투전과 마찬가지로 도박에 쓰인 놀이였다는 점에서는

투전 방안의 긴장감이 느껴진다. 「성협풍속화첩」 중   국립중앙박물관 소장

차이가 없다.

그러다가 1800년대 일본에서 화투(花鬪)가 유입되면서 새로운 물결이 일기 시작했다. 화투는 대중 사이에 급속히 전파되어 투전이 차츰 사라지고 새로운 도박 도구로 자리매김을 하게 되었다.

조선시대의 도박 역시 법망 속에서도 쉽게 사라지지는 않았다. 더군다나 도박의 도구가 발전되고 다양화되는 추세 속에서 그것을 단속하고 예방해야 할 사람들이 직무유기를 하는 일마저 벌어졌다면 그 폐해는 더욱 심각했을 것이다. ✻

조선시대 남자들도 군대 때문에 고민했다

조선시대 남자들도 군대에 가지 않기 위해 온갖 방법을 동원했다.

벼슬아치와 예비 관료인 유생들 그리고 관가와 양반가에 소속된 관·사노비들은 군역의 의무에서 벗어날 수 있었다. 하지만 그 밖의 대부분의 남자들은 군대에 가야만 했다.

조선시대의 군역은 현역인 번상과 번상의 집 생계를 돕는 봉족(또는 보인)으로 구분된다. 봉족은 군역을 면제받는 대신 번상의 집에 식량과 옷감 등 생활에 필요한 물건들을 대주거나 일까지 해야 했다. 그것이 부담이 된 양인들 가운데는 신분을 포기한 채 군역의 의무가 없는 노비나 승려가 되기도 했다.

현역으로 복무하는 경우는 16세~60세의 군역 대상 가운데 대부분 젊은 층의 장정들이었다. 이들을 정군(正軍)이라 불렀는데, 소속된 부대와 다른 지역을 옮겨가면서 복무를 하였다. 정군은 육군, 수군, 기선군으로 다시 분류가 되었다.

군인병사
정조 임금이 (정조 19년) 8일간 어머니 혜경궁 홍씨를 모시고 부친
사도세자의 묘소 현륭원(顯隆園) 행차할 때 국왕의 친림, 호위하는
군사의 모습 국립중앙박물관 소장

육군 중에 일부는 궁궐을 호위하는 시위군이 되기도 했다. 수군은 특별히 소금을 굽거나 해운과 토목공사 등에 동원되어 힘든 노동을 병행해야 했다. 결국 재력과 배경이 없는 평민들이 주로 수군에 복무할 수밖에 없었다. 기선군은 지방에 배치된 선박을 다루는 군인이었다.

태조2년(1393) 조선 건국 후 최초로 군적을 정리한 결과 8도에 육군과 수군, 기선군(騎船軍)이 20만 명에 달하고, 군사력으로 동원할 수 있는 사람이 10만여 명으로 파악되었다. 당시 인구가 고작 5백만 명을 넘지 못할 때였으니 20만 명이 넘는 정규군은 대단한 수가 아닐 수 없다.

15세기 무렵에는 130만 명이나 되는 장정을 보유할 수 있었다. 이 정도의 병력이라면 외세의 침입에 충분히 대처할 수 있어 국방력에 문제가 없었을 것이다. 하지만 군역의 의무를 충실히 이행했을 때를 전제로 한 것이다.

그 후 고된 군역 때문에 생업에 차질을 빚는다는 이유로 여러 가지 기피방법이 생겨나기 시작했다. 돈이 없는 자들은 야반도주를 하거나 인적이 드문 산골 또는 외딴 섬으로 들어가 숨어살기도 했다. 반면에 재력이 있는 경우는 대가를 받고 군역을 대신 해주는 대립(代立)을 이용했다.

그런데 세종 29년(1447) 평안도 변경으로 다른 도의 정군이 파견되어 왔을 때 문제가 발생했다. 그들 대부분은 대립을 통해 온 자들이었는데, 체력이 약하고 정신력마저 해이해서 군기가 떨어졌기 때문이다.

성종 9년(1478)에도 적지 않은 문제가 있었음이 엿보인다. 성종이 하삼도(충청·전라·경상도)와 황해도 그리고 강원도의 관찰사에게 내린 전교이다.

중요한 각 군사지역에 배치된 군사들이 근처를 지나는 백성들이나 아들과 사위 또는 아우와 조카 등으로 대립한다고 한다. 허나 그 대립하는 자들이 늙거나 혹은 병약하다고 하니 행여 위급한 일이 생기면 무엇에 쓸 것인가?

나라에서는 대립을 법으로 엄금했지만, 관리들은 뇌물을 챙길 수 있는 기회를 놓치지 않았다. 결국 나라에서는 일정한 양의 무명을 내놓으면 군역을 면제해주는 제도를 통해 이를 양성화시키기도 했다.

한편 군역 때문에 과거 시험의 복시(소과 중 두 번째 시험)를 통과하려는 노력도 있었다. 이 시험에 합격하면 정식으로 진사와 생원의 신분이 주어졌고, 성균관에 입학할 수 있는 자격이 될 뿐더러 군역과 부역이 면제되는 특혜를 누릴 수 있었기 때문이다.

돈이 없고 신분 상승조차 꿈꿀 수 없었던 사람들은 어쩔 수 없이 군역의 의무를 져야했는데, 그들이 군대에 가지 않으려고 했던 가장 큰 이유는 남아있는 가족들의 생계문제였다. 물론 군대에 간 당사자들도 고생하기는 마찬가지였다. 군사들에게 지급되는 양곡이 넉넉하지 않았기 때문이다. 그래서 세종의 경우 태평관(중국 사신들의 숙소)에서 부역하고 있던 군사들에게 술값을 하사하며 사기를 높여주려고도 했다.

그런데도 온갖 방법을 동원해 군역을 면제받고자 했던 것은, 역시 쉽게 해결될 수 없었던 생계에 대한 걱정 때문이 아니었을까. 가진 것이라고는 노동력 밖에 없었던 조선시대 남자들, 그래서 그들은 나라와 가정 사이에서 적지 않은 고민을 하며 살았다. *

조폭과의 전쟁이 있었다

　숙종 10년(1684) 검계와 살주계 등의 조직원들이 만행을 저지른 사건
이 벌어졌다.

　1년 전 대마도주가 보낸 국서 때문에 민심이 흉흉해진 틈을 이용해 일
어난 소요였다. 청나라에 무너진 명나라가 대만에 근거를 둔 채 반청운
동을 벌이고 있었는데, 장수 정금이 곧 조선으로 쳐들어온다는 것이 국
서의 내용이었다. 민심이 흉흉해지자 무뢰배들이 검계라는 계를 조직해
혼란 속에서 백성들의 재물을 약탈하고 인명까지 해쳤던 것이다.

　검계는 대부분 경제적인 여유는 있지만 서얼 출신이나 중인 계급으로
출세의 길이 막혀있던 부류들이 주축이 된 조직이었다. 검계는 말 그대
로 검을 든 무리들이란 뜻으로 자신들의 문제를 무기를 통해 해결하겠
다는 의지를 표명하고 나섰다.

　이들은 왈짜라 자칭하며 창포검이나 쇠꼬챙이와 같은 칼을 품고 다니
면서 칼부림을 해댔다. 창포검은 그 당시 군영에서나 사용했던 것으로,

양날에 가운데 혈조가 있어 마치 창포 잎을 연상시킨다고 해서 붙여진 이름이다.

그러자 숙종 10년(1684) 좌의정 민정중이 다음과 같이 보고를 했다.

시중의 무뢰배들이 검계를 만들어 사사로이 서로 군사훈련을 하고 있습니다. 이로 인해 백성들은 더욱 소요하여 왜구가 쳐들어온 것보다 걱정이 더 커지고 있으니 포청에 일러 정탐하여 모두 잡아서 유배하거나 효시하는 것이 어떠하겠습니까?

검계의 조직원들이 밤마다 남산에 모여 태평소를 불면서 함께 군사훈련까지 벌이고 있다는 말에 숙종은 격노했다. 숙종은 곧 포도대장 신여철에게 이들을 체포하도록 명을 내렸다.

그 후 며칠이 지난 2월 18일 검계 10여 명을 체포한 뒤 민정중이 다시 보고를 올렸다.

포청에 갇힌 검계 10여 명 가운데 가장 패악한 자가 있는데, 칼로 제 살을 깎고 가슴을 베기까지 하는 등 흉악하기가 그지없습니다.

체포된 검계 조직원 가운데는 칼로 자해까지 하는 등 포악함이 상당했던 것으로 보인다. 평소 이들 조직원들은 다른 사람과 구별하기 위해 자신의 신체에 칼자국을 내기도 했다. 그러나 이것이 오히려 불리한 요인이 되었다.

영조 9년(1733)에 포도대장 장붕익이 몸에 칼자국이 있는 사람들은 발견 즉시 모두 잡아 죽이라는 묘책을 마련했다. 그러나 장붕익의 노력에도 검계의 뿌리를 뽑는 일은 쉽지 않았다.

그 후 장붕익의 보고에 따르면 '검계의 조직원 대부분이 명문 권세가의 자식들이라 체포하는데 어려움이 많았다'고 한다.

한편 살주계는 신분이나 성격 등은 확실하지 않지만 사회에 불만을 품은 하층민들로 구성된 조직이다. 자신들의 상전을 죽이려는 것을 목적으로 하는 범죄조직이었다.

이들을 체포하여 신문하는 과정에서 계조직의 서약이 적힌 책자가 발견되기도 했는데, 양반들을 살육하고 부녀자들은 겁탈하며 재물을 약취할 것 등의 행동강령이 기록되어 있었다. 또한 남대문과 고위관료의 집에 '만약에 우리가 전멸당하지 않는다면 결국 너희들 배에 칼을 꽂고 말 것이다'라는 벽보를 붙여 조정까지 긴장하게 만들었다.

조선시대 검계와 살주계에 대한 기록은 많지 않다. 하지만 그 시대에도 지금의 조폭과도 같은 무리가 존재했던 것만은 사실이다. 또한 그에 대한 기록이 순조 대에 이르기까지 간혹 보이는 것으로 봐서는 조폭과의 전쟁도 완벽한 성과를 거둔 것은 아닌 듯싶다. ✽

망나니도 죄인이었다

조선시대 사형수의 목을 베던 망나니 역시 사형을 앞둔 중죄인 가운데 선발된 사람이었다.

사형집행을 관장하는 것은 형조에 소속된 무사들인 이예(吏隸)와 나장(羅將)들이었다. 하지만 직접 죄인의 목을 베는 사람은 망나니로 이들을 살수(殺手), 회자수(劊子手) 또는 희광이(백정)라고도 불렀다.

사형수는 참형, 즉 목을 베어 집행했는데 목을 몸에서 분리한다는 뜻으로 신수이처(身首異處)라고도 했다. 참형 가운데는 목을 완전히 절단하는 대시수(춘분 전과 추분 후에 집행)와 그렇지 않은 부대시수(형 확정과 동시에 집행)가 있는데 망나니는 이 모두를 집행했다.

망나니는 평소 별도의 관리를 받다가 사형집행이 있으면 불려나가 사형수의 목을 베는 일을 했다. 물론 그 대가로 자신의 죄를 용서받거나 감형의 혜택을 누리기도 했다. 그러나 사람들에게 천시를 받을 수밖에 없었던 것이 그들이었다.

망나니의 어원을 함부로 또는 마지막이란 뜻의 접두사 '막'과 '낳은 이'가 합쳐져 '막 낳은 아이'로 보는 견해가 있다. 그래서 말과 행동이 나쁘거나 성질이 막 돼 먹은 사람을 일컫는 말로 변형되어 온 것이다. 광해군 3년(1611) 이성길을 판결사로 임명할 때, 사관(역사를 기록하던 관리) 이 '이성길은 마음과 행동이 추악해서 세상에서 망나니로 보았다'고 기록한 예도 있다.

형조와 옥사에 속해있던 망나니, 즉 회자수는 원래 무인 가운데 선발된 자였다. 하지만 중죄인을 대신 쓰기도 했으며 조선시대 중기로 넘어가면서부터는 백정을 강제로 내세우기도 했다. 물론 백정에게 옥졸의 자격이 주어지지는 않았고, 단순히 사형수의 목을 베는 일만을 담당하게 했다.

망나니의 경우 면죄의 혜택 말고는 그 대가로 돈을 받거나 하는 등의 다른 이익은 없었다. 물론 사형수의 가족들이 고통 없이 죽여 달라며 내미는 뇌물과 같은 것은 있었을 것이다. 비록 사형수지만 단칼에 절명하는 것이 그나마 남은 가족들에게는 위안이 되었기 때문이다.

망나니가 사용하는 참수도는 날이 넓고 무게가 20kg이 넘는 특수 제작된 칼이다. 하지만 쉽게 단칼로 사람의 목을 분리하지 못한 채 치명상만을 입힐 때도 있었다. 그래서 두세 번 반복해서 쳐야하는 일이 벌어지기도 했는데, 사형수나 가족들에게는 큰 고통이었다. 그 때문에 여러 명의 망나니가 사형수의 주위를 돌면서 차례대로 목을 베는 일도 있었다.

망나니가 사형수의 목을 베기 전에 춤을 추듯 동작을 보이는 이유는 무엇일까? 더군다나 술까지 마시고 그것을 칼날에 뿌리기도 한다. 망나니가 춤사위와 함께 사형수의 목에 칼날을 대며 여러 번 가늠하는 것은

사형 극형 중에 가장 무거운 형벌인 목을 잘라 죽이는 참형 「기산풍속도첩」

어쩌면 서로를 위한 시간이었는지 모른다. 망나니에게는 정확하게 단칼을 휘두르기 위한 예비동작이 필요했을 것이다. 이때 사형수는 언제 칼날이 날아들지 모른다는 극한 공포심으로 정신이 혼미해져 반 마취상태에 빠지게 된다.

결국 망나니의 춤은 그런 의미의 합일을 이루기 위한 동작이었다.

자신도 같은 운명이었던 망나니는 그래서 더욱 칼을 쥐고 있는 입장이 남달랐을지도 모른다. ✻

왜놈은 얼레빗 되놈은 참빗

일본인 가운데 특히 남자들을 일컬어 왜놈이라고 하는데 작다는 의미의 왜(矮)와는 다르다.

여기서 왜(倭)는 나라를 지칭하는 것이 아니라 그런 족속이라는 뜻이 더 강하다. 특히 일본 남자를 왜놈이라고 부른 것은 이미 신라시대 때부터였는데, 그 당시 노략질을 일삼던 일본 해적을 왜구라고 지칭하기도 했다.

한편 일본인들을 비교적 왜소하고 키가 작은 민족이라고 생각하는 데는 그만한 이유가 있다. 일본인들이 작은 이유는 기후 탓이다. 추운 북쪽 지역에 사는 사람들은 추위에 적응하기 위해 키와 체형이 클 수밖에 없다. 반면에 남쪽지역으로 갈수록 작고 마른 체형을 보이게 된다.

중국인을 되놈 또는 강하게 발음해서 뛰놈이라고 하는 것은, 중국을 대국으로 부른 데서 유래되었다. 중국인을 대국놈으로 낮춰 부르다가 되놈이 된 것이다.

일본과는 달리 나라의 개념을 포함시키기는 했지만 역시 놈에 해당되는 호칭에 불과했다. 오래 전부터 일본인과 중국인의 노략질과 약탈이 있었기에 그들을 싸잡아 놈이라 부를 수밖에 없었던 것이다. 그런데 되놈을 왜놈보다 더 악랄하게 여겼던 흔적도 있다.

일본과 중국의 만행을 잘 드러내주고 있는 것이 바로 '왜놈은 얼레빗이오, 되놈은 참빗이다'는 말이다. 얼레빗은 빗살이 비교적 굵고 그 사이가 넓은 것을 말한다.

오래 전부터 왜구들은 수시로 조선에 침입해 노략질은 물론 겁탈과 살인까지 자행했었다. 임진왜란이 발발하자 왜군까지 가세해 그 정도는 더욱 심해졌다. 그런데 원군의 자격으로 조선에 들어온 명나라 군사들이 한술 더 뜬 것이다. 더군다나 조선을 도와주겠다는 명분 아래서 벌인 만행이라 사람들의 눈에는 더욱 끔찍하게 비칠 수밖에 없었다.

비록 만행을 저지르는 것은 왜놈도 마찬가지였지만 조선의 백성들은 되놈을 더 미워하고 악랄하게 볼 수밖에 없었다. 그래서 얼레빗보다 빗살이 촘촘하게 박힌 참빗에 빗대어 그들을 매도한 것이다.

얼레빗이 지나간 자리는 그나마 성긴 빗살 덕분에 건지고 수습할 것이라도 있었다. 하지만 참빗은 그야말로 초토화시키는 참사만을 남겼다. ✳

욕을 하면 유형에 처해졌다

조선시대에도 분명 욕은 존재했는데 그로 인해 처벌을 받는 일도 있었다.

태조 5년(1396) 형조에서 '이사위라는 사람이 박이를 구타하고 욕을 한 죄'를 상소하자 그를 순군옥에 가두게 했던 사건이 있었다.

연산군 7년(1501)에는 연산군이 내린 명에서 그 당시 욕에 대한 정서가 어떠했는지를 잘 살펴볼 수 있다.

최근 들어 충청도의 인심이 사납고 드세어 하나라도 마음에 들지 않는 점이 있으면 관찰사가 순행하는 것을 엿보다 높은 곳에 올라가 욕설을 퍼붓는다고 한다. 이는 정치와 교육의 힘으로 풍습을 잘 교화시키는 일과 밀접한 관계가 있다. 그러니 죄를 다스리는 절목과 붙잡아 알리는 사람에게 상을 주는 절목을 마련하여 아뢰도록 하라.

숙종 7년(1681) 판의금부사 이정영이 죄인에게 능욕을 당한 일이 있었다. 겸인의(兼引儀, 조선시대 통례원의 종9품 벼슬) 우정기가 사소한 죄를 지어 의금부에 의해 도배형(徒配刑, 도형에 처해진 뒤 귀양을 감)을 당하게 되었다. 그러자 우정기가 술에 만취한 채 자신의 아우를 데리고 이정영의 집에 가서 형률적용을 잘못했다며 심하게 욕설을 퍼부어댄 것이다.

숙종은 우정기 등을 잡아 추문하고 장형에 처한 뒤 먼 곳에 유배시키라는 명을 내렸다.

욕이란 그 시대를 반영하는 하나의 거울로 조선시대 역시 마찬가지였는데, 역사적 사건이나 시대상을 드러내주고 있다.

우리가 가장 잘 알고 있는 욕 가운데 하나인 화냥년을 먼저 살펴보자면 여러 가지 설이 있다. 화냥을 환향(還鄕), 즉 '고향으로 돌아오다'라는 의미의 환향녀에서 유래되었다는 것이 그 첫 번째이다. 병자호란 때 청나라로 끌려갔던 여자들이 몸을 망친 채 고향으로 돌아왔다고 해서 붙여진 것이다. 하지만 이는 일반 백성들이 지어낸 것이라는 견해가 지배적이다.

다른 유래는 '노는계집'을 화랑(花郎)이라고 했는데, 이것이 남자무당이라는 뜻으로 변하면서 화냥이 되었다는 것이다. 또한 음탕한 계집을 뜻하고 있는 만주어인 하얀(hayan)에서 온 말이라는 설도 있다.

오랑캐 같은 놈이란 욕도 자주 쓰였는데, 두만강 연변과 그 북쪽 지방에 살던 여진족 가운데 한 부족인 우량하(兀良哈, 올랑합)를 가리키는 말이었다.

기록에 의하면 두만강 유역을 중심으로 간도에서 함경도 무산 쪽으로 압록강 상류에 이르는 곳에 분포하고 있었다고 나와 있다. 그들은 조선시대 전기에 흉년이 들 때면 우리나라 변방에 자주 침입을 해왔는데, 그럴 때마다 토벌을 당하기도 했다.

원래 그들의 시조가 개와 사람 사이에서 태어났기 때문에 후손들을 오랑캐라고 불렀다는 설이 있다. 그 후 '오낭(五囊)을 낀 개(狗)'라는 의미의 오랑구가 오랑캐로 변해 북쪽에 사는 사람들을 그렇게 불렀다는 것이다. 오낭은 죽은 사람을 염습할 때 머리털과 좌우의 손·발톱을 베어넣는 다섯 개의 작고 붉은 주머니를 말한다. 오랑캐는 우리나라를 자주 침입하던 북쪽의 여진족에 대한 멸시와 적대감에서 부르게 된 것이기도 하다.

조선시대 욕의 특징 가운데 하나는 비천한 신분을 빗대어 상대에게 모욕을 주었다는 것이다. 그 대표적인 것이 망나니와 백정이다. 여기에 개망나니나 개백정처럼 앞에 '개'를 붙여 더욱 악감정을 실은 것도 흥미롭다.

조선시대 욕 가운데 두드러지는 또 다른 특징은 형벌제도와 관련된 것이 많다는 점이다.

가장 대표적인 것이 육시랄 놈이다. 원래 육시를 당해 죽을 놈이라는 뜻으로, 육시는 한자의 쓰임에 따라 달라지기도 한다. 육시(戮屍)라고 쓸 때는 이미 죽은 자의 죄가 훗날 밝혀졌을 때, 다시 무덤을 파헤쳐 그 시체를 꺼내 참수하거나 사지를 자른다는 의미다. 능지처참과 부관참시의 의미가 있다. 다른 육시(六弑)는 말 그대로 수레에 연결된 밧줄로 사지를 묶어 찢어서 죽이는 거열의 형벌이다. 주로 부모를 살해하거나 반역을 범한 죄인에게 가해졌다.

경을 칠 놈 역시 묵형(墨刑)을 일컫던 형벌제도에서 생겨난 것이다. 묵형이란 대죄인의 이마에 그 죄명을 먹물로 새겨 평생 뉘우치며 살라는 뜻의 형벌이었다. 이때 이마에 먹물 문신을 새기는 것을 '경'이라 했다. 그런데 죄를 짓고 묵형을 받지 않아도 장을 맞거나 곤혹을 치르면 '경치다'라는 표현을 쓰기도 했다. 세종 때 황보신이 거액의 공금횡령으로 묵형당 할 처지였으나 황희의 아들이라고 하여 무마되었다는 일화도 전한다.

오살할 놈 역시 끔찍한 형벌을 뜻하고 있다. 오살(五殺)은 반역 등 대죄를 범한 죄인의 몸을 다섯 도막으로 잘라 죽이는 일이다. 한편 이때 죄인의 몸을 묶던 것을 오라라고 했다. 그래서 생겨난 것이 오라를 지는 것처럼 잘못되었다는 뜻의 오라질이고, 이것이 다시 변해서 우라질이 되었다. 일이 뜻대로 안되거나 마음에 들지 않을 때 혼자서 하는 욕처럼 돼버린 것이다.

조선시대의 욕은 듣기에는 그다지 섬뜩한 면을 느끼지 못하지만 그 뜻을 살펴보면 반대인 경우가 많다. 현재와 비교했을 때 더욱 살벌한 뉘앙스를 담고 있는 것은 아닐까 하는 생각마저 든다. 하지만 욕은 다양하지 못했고, 신분이나 형벌제도 그리고 질병 등 그 시대를 반영한 것들이 대부분이었다. ✽

야간 통행금지가 있었다

조선시대에도 한양에서는 야간 통행금지가 실시되었는데 과연 무엇을 위한 조치였을까?

통행금지란 말 그대로 일정한 시간 동안 일반인들에게 거리의 통행과 집 밖의 활동을 못하도록 제한하는 일이다.

밤이 깊은 2경(오후 10시)이면 쇠 종인 인경을 28번 치게 되는데, 이때부터 통행금지가 시작되었다. 『경국대전』에 보면 '궁궐의 문은 초저녁에 닫아 해가 뜰 때 열며, 도성문은 인정(人定)에 닫고 파루에 연다'는 대목이 있다.

인경은 주로 궁궐의 보루각에서 시작되어 종루와 남대문을 거쳐 동대문으로 이어졌다. 이 종소리와 함께 도성의 4대문이 거의 동시에 닫혔다. 인경을 쳐서 통행금지를 알리는 것을 인정(人定)이라고 했다. 하늘을 수호하는 28개의 별자리를 상징하는 것으로, 모두가 잠든 사이에도 평화와 안녕을 누리게 해달라는 의미였다.

처음 한양에 인경이 등장한 것은 태조 7년(1398)으로 기록되어 있다. 개국공신이자 『양촌집』, 『동국사략』 등으로 알려진 예문춘추관 학사 권근이 밝힌 서문을 요약한 것이다.

크나큰 공업인 새 왕조의 개국을 후세에 널리 전하고, 아름다운 종소리로 하여금 후세 사람들의 이목을 맑게 깨우치게 하며, 새벽과 저녁에 울려 퍼진 종소리는 백성들의 휴식을 엄히 알리려는 것이다.

인정 이후에는 순라군들이 일명 딱딱이를 치며 순찰을 돌았다. 순라군들의 주요 임무는 화재예방과 도둑검거 등이었다. 그 중에서도 화재예방에 각별한 신경을 썼는데, 방화로 추정되는 화재가 종종 한양에서 일어났기 때문이다.

통행금지를 어긴 자를 체포하는 것도 순라군들의 임무였다. 순라군들에 의해 잡힌 사람들은 근처의 경수소(순라군의 초소)로 넘겨졌다가 새벽이 되면 야간순찰 담당 관아인 순청에 구금되었다. 이곳에서 엉덩이를 내놓은 채 초경과 5경에 위반한 자는 10대, 2경과 4경은 20대, 3경은 30대 등 비교적 엄격한 장형의 매를 감수해야만 했다. 여성 위반자도 똑같은 처벌을 받았는데, 옷을 입은 채 매를 맞았다는 점만 다를 뿐이다.

뇌물을 받고 통행금지 위반자를 석방해 줄 경우 예외 없이 군령으로 엄히 다스렸다. 물론 야간 통행증(신패)을 소지한 사람은 예외였는데, 화재진압을 위해 출동하는 금화도감의 구화군(소방관)들이 이에 해당되었다.

보루각
조선 중종 때 만든 자동시보장치의 물
시계. 성종 때 시보와 시간이 맞지 않
아 중종 때 장영실의 자격루를 개량하
여 만듦. 국보 제299호.

성균관 학생들의 경우에도 은잔만 갖고 있으면 무사통과였다. 은잔이
곧 야간 통행증인 셈이었는데, 효종 때에 성균관에 하사한 것으로 '성균
관에 하사한다(賜太學)' 는 글자가 새겨져 있었다. 이는 단순히 술을 마시
는 도구가 아니라 화목을 도모하려는 의미의 상징물이었다.

원래 처음 성균관에 술잔을 하사한 것은 태종이었다. 이때 성균관 유
생과 스승들은 이 청화잔(靑花盞)에 술을 담아 마시며 은혜를 깊이 새겼
다. 그 후 임진왜란을 겪으면서 청화잔이 없어졌다가 효종이 다시 은잔
을 하사하면서 부활되었다. 이때부터 은잔은 성균관 유생들이 사용하는
술잔이면서 야간 통행증의 역할도 대신하게 되었다. 그렇다고 성균관
유생들이 이 은잔만을 믿고 함부로 외출을 한 것은 아니었다. 그들은 제

사가 있거나 임금에게 상소를 올려야할 일이 생겨 야심한 밤에 외출할 때만 소지를 했다.

통행금지는 5경(오전 4시)까지 이어졌는데, 이 시각이 되면 해제를 알리는 파루(罷漏)가 이루어졌다. 이때는 종을 치는 인정과는 달리 커다란 북을 33번 두들겼다. 낮과 밤의 음양이 다르니 자고 일어나는 때를 알리는 일에도 구별이 있어야 한다는 믿음 때문이었다. 인정을 알리는 쇠 종은 음이고, 파루에 사용되는 나무와 가죽의 북은 곧 양인 셈이었다.

하지만 가뭄이 심할 경우 파루 때도 쇠 종을 쳤다. 음기가 부족해서 생긴 것이 가뭄이라 믿어 쇠 종으로 그것을 채우고자 했기 때문이다. 한편 양기를 상징하는 남대문은 굳게 걸어 닫고 음기의 북문을 활짝 열어 놓기도 했다.

그 후 가뭄이 잦고 그 기간도 오래 지속되자 파루 때 쇠 종을 치는 일이 빈번해져 아예 일상이 되었다. 그 결과 인정과 파루 때 구분하던 쇠 종과 가죽으로 된 북의 개념도 차츰 사라지게 되었다. ✻

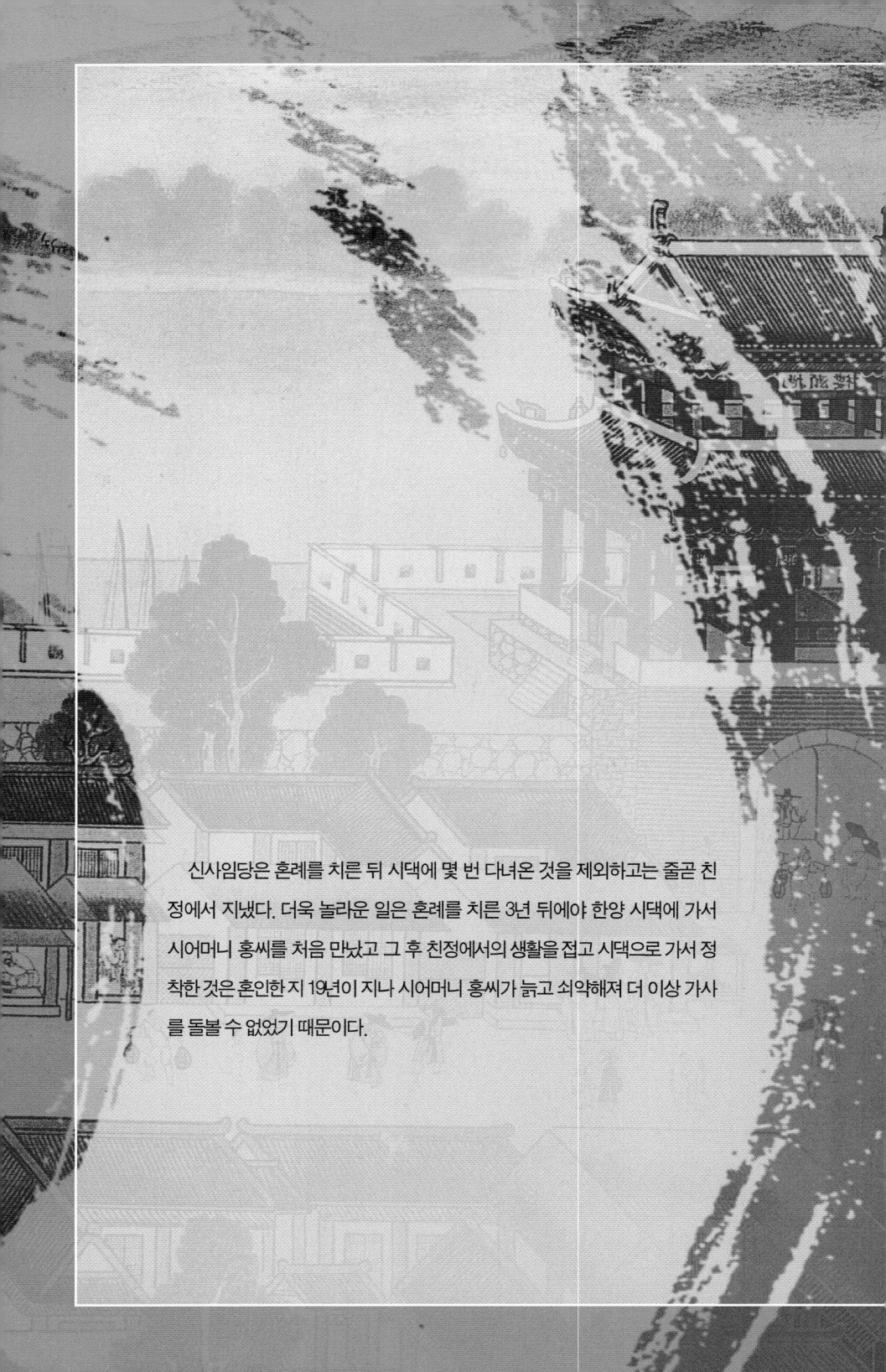

신사임당은 혼례를 치른 뒤 시댁에 몇 번 다녀온 것을 제외하고는 줄곧 친
정에서 지냈다. 더욱 놀라운 일은 혼례를 치른 3년 뒤에야 한양 시댁에 가서
시어머니 홍씨를 처음 만났고 그 후 친정에서의 생활을 접고 시댁으로 가서 정
착한 것은 혼인한 지 19년이 지나 시어머니 홍씨가 늙고 쇠약해져 더 이상 가사
를 돌볼 수 없었기 때문이다.

신사임당 남편 이원수는 처가살이를 했다

조선시대 최고의 현모양처라 일컬어지는 신사임당도 처음부터 시부모를 모시고 살지는 않았다. 즉, 시집살이를 하지 않았다는 뜻이다.

신사임당은 강릉 외갓집에서 태어나 성장한 뒤, 그곳에서 중종 17년(1522) 19세 때 남편 이원수를 만나 결혼을 했다. 그런데 혼례를 치른 뒤 시댁에 몇 번 다녀온 것을 제외하고는 줄곧 친정에서 지냈다. 행여 외동딸이라 그런 특권을 누린 것이 아닐까 싶지만 신사임당은 다섯 자매 가운데 둘째 딸이었다.

더욱 놀라운 일은 혼례를 치른 3년 뒤에야 한양 시댁에 가서 시어머니 홍씨를 처음 만났다. 혼례를 하자마자 곧 부친 신명화가 세상을 떠나 3년상을 치르고 나서야 시댁에 인사를 갈 수 있었던 것이다.

그 후 친정에서의 생활을 접고 시댁으로 가서 정착한 것은 혼인한 지 19년이 지난 중종 36년(1541)의 일이다. 그런데 한양 시댁으로 가게 된 것도 시어머니 홍씨가 늙고 쇠약해져 더 이상 가사를 돌볼 수 없었기 때

신사임당 영정
강원도 오죽헌의 몽룡실(신사임당이
율곡 이이를 낳은 방)에 봉안되어 있다.

문이다. 그때 신사임당의 나이 38세로 그 후 그녀가 세상을 떠난 것은, 시댁에 온 지 10년 후인 48세 때이다. 결과적으로 젊은 시절 전부를 친정에서 보낸 셈이다.

신사임당이 시집살이를 면하고 친정에서 살 수 있었던 것은 처가살이의 풍습 때문이다.

'장가간다' 또는 '장가든다' 는 말은 장인 집에 들어간다는 뜻으로, 즉 입장가(入丈家)를 의미한다. 남성이 혼례를 치르고 살림을 시작하는 것을 장인 곧 처갓집에 들어가는 일로부터 인식했던 것이다.

우리나라 처가살이는 고유의 전통이었다. 삼국시대와 고려시대를 거쳐 조선시대 전기인 16세기까지 이어졌다.

여러 성리학자들로부터 존경을 한 몸에 받았던 김종직 역시 처가살이를 했다. 그는 밀양의 외가에서 태어났지만 금산에 있는 처가에서 생활을 했다. 성리학자 조식 또한 어머니가 죽기까지 처가인 김해에서 살았다.

처가살이가 존재했다는 것은 부계의 혈족을 강조하지 않았다는 뜻과 도 같다. 아버지에서 아들과 손자로 이어지는 전통에서 벗어나 사위의 신분으로 처가의 일원이 되어 살았던 것이다.

시집살이가 보편화되기 시작한 임진왜란 이후인 17세기 전까지 이와 같은 양상은 계속 되었다. 우리나라 전통의 혈족을 바라보는 시각은 부계와 모계를 모두 존중하는 양계 혈족이었다는 견해도 있다. 그래서 여성이 결혼을 한 뒤에도 남편이 아닌 친정의 성(姓)을 고수할 수 있었던 것이다.

그러나 중국에서 친영례라는 결혼 풍습이 들어오게 되면서 변화가 시작되었다. 송나라 학자 주자의 가정의례집 『가례』에는 결혼은 신랑이 자신의 집으로 신부를 데려와 식을 올리고 사는 것이라고 규정되어 있다. 여성은 결혼과 함께 남편의 가족 중심으로 살게 되며 자연히 친정과는 멀어지는 출가외인이 되는 셈이다.

물론 중국의 친영례가 그대로 적용된 것은 아니고 절충형의 혼례로 발전되었다. 결혼식은 본래대로 신부 집에서 치르는 일부 친영례를 받아들인 반친영이 생겨난 것이다. 현재 우리가 알고 있는 전통혼례가 바로 이 방식이다.

반친영으로 혼례를 치른 뒤 처가살이를 하는 경우도 적지 않았다. 하지만 처갓집에서 머무는 기간은 짧아졌고, 차츰 혼례식은 신부 집에서 치르되 살림은 신랑 집에서 하는 형태가 되었다. 즉, 시집살이가 본격적으로 뿌리내리게 된 것이다. *

여인들의 치맛바람이 강했다

여자들의 저고리는 날로 짧아지고 치마는 길어지는데 이런 차림으로 제사를 모시고 손님들을 접대하니 부끄러운 일이다.

실학자 박제가가 문물제도에 관한 소견을 담은 『북학의』에 나오는 구절이다.

박제가가 이와 같은 세태를 뜯어고쳐야 한다고 역설을 하자 친구가 껄껄 웃으며 이렇게 대답했다고 한다.

"요즘 집안을 제대로 다스릴 줄 아는 사내들이 없어 잘 될지 모르겠네."

조선시대에도 여성의 치맛바람과 입김은 알게 모르게 강한 기류를 형성하고 있었다. 그러나 이런 여성의 입지는 간혹 악처라는 꼬리표를 달게 하는 빌미가 되기도 했다.

유교사상이 지배하고 있던 시절이었지만 악처라는 이름으로 세상에 알려진 여성들은 의외로 많다.

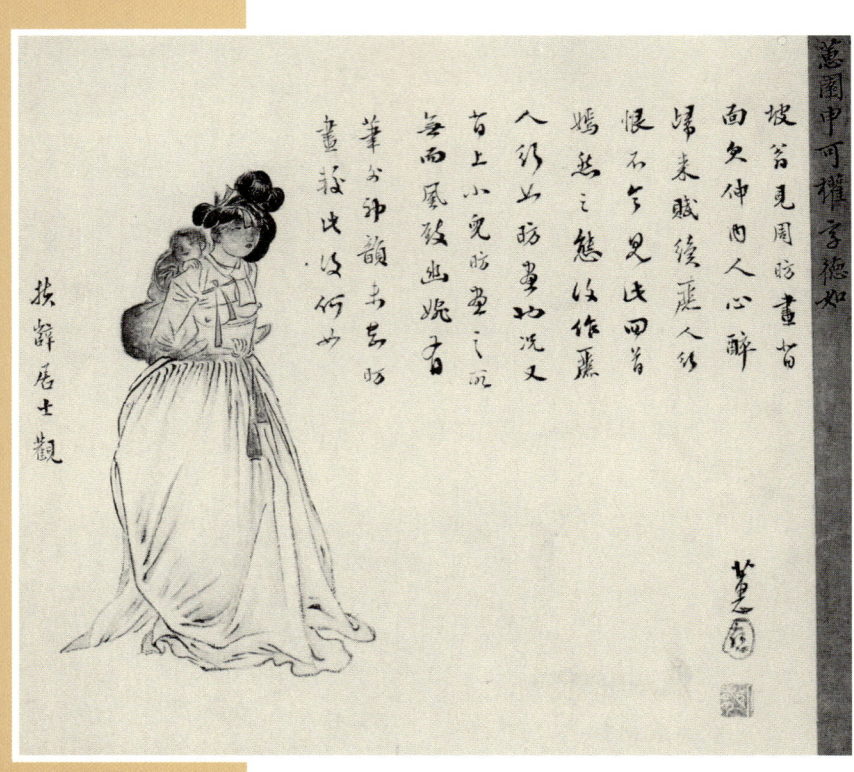

蕙園申可權字德如

坡老元周昉畫眉
而欠仲阳人心醉
歸來賦後嘅人兒
恨不今見此四首
媽然之態收作罷
人行此昉畫地洗又
古上小兒眸重之玩
無西風致幽娜百
筆分神韻未岩昉
畫毅比以何如

扶辭居士觀

蕙園 印

아기업은 여인
조선시대 유행하던 꼭 끼는 저고리를 입고 등에
아기를 업은 모성애가 느껴지는 신윤복의 그림
국립중앙박물관 소장

과거가 들통날까봐 남편을 무고한 여인

자신의 문란한 과거가 발각될까봐 동생은 물론 남편까지 무고한 여인이 있었다.

정종 1년(1399)에 벌어진 이 사건의 주인공은 박원길의 아내 변씨였다. 변씨는 『태조실록』을 편찬한 학자 변계량의 누이로 첫 남편 박충언과 사별을 하였다. 그 후 남편이 부리던 남종들과 문란한 관계를 맺다가 박원길을 만나 재가를 했다.

변씨는 박원길이 자신의 과거를 눈치챌까봐 전전긍긍하기 시작했다. 결국 동생 변계량에게 찾아가 하소연을 하게 되었는데, 이 말을 무시하자 변씨는 더욱 겁에 질린 나머지 결국 박원길과 함께 동생마저 반역죄로 무고를 하였다.

투기 때문에 살인까지 한 여인

악처를 만들어낸 이유 가운데 투기를 빼놓을 수 없다.

정종 2년(1400) '중궁의 투기 때문에 정종이 경연청으로 와서 10여 일 동안 거처했다'는 기록이 있는 것으로 봐서 왕비도 예외는 아니었다. 그만큼 여인들에게 있어서 불가불한 것이 투기였는데, 그 때문에 남편을 혹은 그의 애인을 모함하고 살해까지 하였다.

세종 22년(1440) 이맹균의 아내 이씨가 남편의 총애를 받던 여종을 살해한 사건이 벌어졌다. 더욱 놀라운 사실은 이씨가 이미 70세를 바라보고 있는 나이였는데도 투기심을 억누르지 못했다는 점이다.

이씨는 여종의 머리카락을 강제로 자르고 심하게 구타한 뒤 움막 속에 가뒀다. 그리고는 밥은커녕 물 한 모금조차 주지 않아 결국 말라죽게 하였다. 사헌부에서는 두 사람을 이혼시키고 유배를 보낼 것을 청했다. 그러자 세종은 이맹균을 파면하고 유배를 보냈지만 이씨에게는 작첩을 빼앗는 것으로 그쳤다.

사헌부에서 이씨마저 유배시킬 것을 다시 청하자 세종은 부부를 같은 배소로 보낼 수 없다는 등의 이유로 받아들이지 않았다. 또한 부녀자가 그런 행동을 한 것은 가도를 바르게 하지 못한 가장 때문이라는 질타의 목소리도 잊지 않았다.

남편을 멸시하다 악처가 된 여인

남편을 멸시하다 악처의 명단에 오른 여인도 있었다.

중종 12년(1517) 수안 군수 홍태손은 평소 아내 신씨로부터 당한 멸시를 참지 못해 결국 소송까지 내게 되었다.

홍태손은 원래 얼굴이 추악한 인물로 전처와 후처 사이에 모두 아들을 두지 못하고 있었다. 그 후 50세가 되자 후사가 끊어질 것을 염려해 새로 맞아들인 것이 신씨였다. 그러나 신씨는 홍태손이 못 생겼고 나이가 많다는 사실이 처음부터 불만이었다. 신씨는 늘 한숨만 쉬며 홍태손 곁에 가까이 가려고도 하지 않았다. 홍태손과 마주칠 때마다 추한 얼굴에 나이도 많고 기력도 없는데 무엇을 믿고 자신을 고생시키느냐며 차라리 죽이라는 소리까지 하였다. 그러자 참다못한 홍태손이 이혼을 요구하는 문첩을 예조에 올렸지만 수리되지 않았다.

홍태손이 다시 소송을 내자 사헌부에서는 결국 두 사람을 이혼시키고, 신씨에게는 장 100대에 처하라는 청을 올렸다. 그러자 중종은 장은 속전, 즉 벌금으로 대신하게 하고 이혼을 시키라는 명을 내렸다.

한편 가장으로서 집안 단속을 하지 못한 자가 어떻게 한 고을을 다스릴 수 있겠냐며 홍태손의 관직을 박탈시켰다.

성질과 언행이 사나워 악처가 된 여인

숙종 30년(1704) 유정기의 후처 신태영은 언행이 상스럽기로 소문이 나 있었다.

남편에게 욕설을 퍼붓는 것은 예사의 일이었고 하루 종일 포악한 행동만을 일삼았다. 제사에 쓰일 술에 오물을 섞거나 사당에서 난동을 부리다 제사상을 엎는 일도 있었다.

그 일로 결국 쫓겨난 신씨는 한성에 있는 오라버니 소유의 빈집에서 임시로 거처하게 되었다. 그러나 조용히 근신을 하기는커녕 집으로 동네 무뢰배들을 불러들여 밤낮으로 노름을 하고 술을 마시는 등 난잡한 행동까지 벌였다.

그 사실을 안 오라버니가 쫓아내려고 하자 신씨는 오히려 화를 내며 대들다가 집에 불을 내고 말았다. 이웃집에서 놀라 불을 끄려고 하자 신씨는 내집 내가 태우는데 누가 간섭을 하냐며 성질을 부렸다. 결국 집은 전소되고 신씨는 마을 사람들로부터 손가락질을 받다가 끝내는 체포되어 옥에 갇히는 신세가 되고 말았다.

사대부 가문에서 벌어진 양반들의 부부싸움 혹은 그로 인해 불거진 악처들의 행실은 빙산의 일각일 것이다. 기방에서 놀다가 며칠 만에 돌아온 남편의 갓과 옷을 찢어 웃음거리로 만들었다는 등 사대부집 여인들의 일화가 적지 않은 것만 봐도 알 수 있다. 소위 학식이 있고 체면을 차릴 줄 아는 양반들이 이 정도였다면, 일반 백성들 사이에서는 더욱 심각했으리라는 것도 짐작할 수 있다. 실제로 양식이 떨어진 것을 들먹이며 무능하다고 잔소리를 퍼붓는 아내를 남편이 술김에 발길로 걷어차 죽게 한 일도 있었다.

하지만 조선시대라고 해서 유독 악처가 많았던 것은 아니다. 또 그들을 악처라는 말로 싸잡아 부르고 평가해서도 안 된다. 세종과 중종의 말대로 악처 뒤에는 가장으로서 집안을 잘 다스리지 못하고 틈을 내준 남편의 잘못도 분명 있었기 때문이다. *

사방지와 임성구지가 존재했다

사방지(舍方知)는 실존했던 인물로 남자와 여자의 성을 모두 갖춘 채 태어난 양성인간이라고 기록되어 있다.

무려 14번이나 그에 대한 기록이 있는데 과연 어떤 삶을 살다가 간 사람이었을까?

사방지가 어릴 때부터 그의 어머니는 바지 대신 치마를 입히고 분과 연지로 단장해주었다. 심지어 바느질도 가르쳤는데 타고난 재능이 있었는지 솜씨가 남달라 소문이 날 정도였다. 어느 정도 성장한 사방지는 바느질 일감 때문에 양반집을 수시로 드나들게 되었는데, 그때부터 그곳의 수많은 여종들과 은밀한 접촉이 이루어졌다.

그 후 청년이 된 사방지는 수염이 나지 않는 등 더욱 외향이 여성스러워졌다. 그러던 어느 날 과부인 이씨가 수를 놓는다는 구실로 사방지를 집안으로 불러들였다. 그런데 단순히 수를 놓기 위해서가 아니라 밤낮으로 함께 지내며 음탕한 짓을 하기 위해서였다. 이씨는 종2품 판원사

이순지의 딸로 과부가 되자 그런 일을 벌였는데, 그 관계가 무려 10년이나 지속되었다.

이 사실은 세조 8년(1462) 사헌부에 알려져 이씨는 국문을 받게 되었다. 사방지 역시 끌려왔는데 모두들 처리를 놓고 고민에 빠지고 말았다. 특히 세조의 심정은 남다를 수밖에 없었는데, 이씨의 외아들인 김유악 때문이었다. 김유악의 아내는 세조의 왕위찬탈을 도와 영의정이 된 정인지의 딸이었다. 이씨와 정인지는 사돈지간인 셈이다.

국문을 통해 '사방지는 양도(陽道, 남성 생식기)가 매우 장대하다' 는 사실이 확인되자 세조도 어쩔 수가 없었다. 세조는 승정원 및 영순군의 스승인 하성위와 정현조 등에게 다시 여러 방법을 통해 확인할 것을 명했는데, 그 결과 다음과 같다.

머리의 장식과 복색은 여자였으나 음경과 음낭으로 보아 다 남자인데, 다만 정도(精道)가 경두(莖頭) 아래에 있어 다른 사람과 조금 다를 뿐이다.

세조는 이씨와 정인지가 사돈지간이라는 사실도 있고 해서 더 이상 문제를 확대시키고 싶지 않았다. 그래서 사방지를 이순지에게 맡겨 처리하라는 지시를 내렸다. 그런데 그 후 이순지가 죽자 이씨는 더욱 노골적으로 사방지와 가깝게 지내며 음탕한 세월을 이어나갔다.

결국 보다 못한 한명회와 신숙주 등이 한 목소리를 내며 진언을 했다.

사방지가 다시 이씨의 집으로 들어가 더욱 난잡하고 추한 꼴을 보이고 있다고 합니다. 이미 사방지와 통간을 한 비구니는 결국 머리를 기른 채 파계

승이 되었으니 도성 안에 더 이상 머물게 하는 것은 풍속을 더럽히는 일입니다. 사방지를 먼 지방으로 유배시키는 것이 옳은 줄 아옵니다.

신숙주는 항간에서 사방지를 서방적(西房的)이라 부른다며 목소리를 높이기도 했다. 속담에 보면 사위는 서방에서 묵는다는 말이 있는데, 결국 사위를 서방이라 부르는 것과 같다는 의미였다.

또한 서거정은 '하늘에는 음과 양이라는 도리가 있고 사람에게는 남자와 여자라는 도리가 있다'며 역설을 했다. 그래서 남자도 여자도 아닌 사방지는 용서할 것도 없으니 마땅히 죽여야 한다는 것이었다.

세조는 좌승지 윤필상에게 다음과 같은 명을 내릴 수밖에 없었다.

사방지는 인류(人類)가 아니로다. 그리하여 모든 일가와 떨어진 채 먼 곳에서 살게 해야 할 것이다. 그를 외방 고을의 노비로 영원히 소속시키는 것이 옳을 것이다. 그를 당장 신창현(현 충남 아산시 신창면)으로 유배를 보내도록 하라.

명종 3년(1548)에도 함경도 감사가 조정에 특이한 보고를 올린 적이 있었다.

길주에 사는 임성구지(林性仇之)라는 자가 남자와 여자의 성을 모두 한 몸에 갖고 있어 장가도 가고 시집도 갔다는 내용이었다. 당황한 명종은 법조문에도 없는 일이니 대신들에게 의논하라는 명을 내리며, 세조 때 사방지에 대해 어떻게 처리했는지도 알아보라고 지시를 했다.

그 후 영의정 홍언필이 진언한 내용은 다음과 같다.

임성구지가 이의(二儀)를 모두 갖고 있는 것은 괴이한 정도를 넘어선 것입니다. 그 역시 사방지의 예에 따라 외진 곳에 따로 두고 왕래를 금지하여 사람들과 섞여 살지 못하게 해야 합니다.

그래서 임성구지를 사방지처럼 외방으로 유배를 보낸 뒤 사람들과의 접촉을 금하게 했다.

한편 전문가들의 견해에 따르면 트랜스젠더와 비교했을 때, 사방지의 경우는 고환성 여성화 증후군이며, 임성구지는 자웅동체 생식기 증후군에 속한다고 한다. 즉, 선천성 비정상의 예인 것이다. ✱

은장도는 사치품이었다

    고려시대 때부터 남녀가 노리개처럼 옷고름에 차거나 주머니 속에 넣고 다니던 칼집이 있는 작은 칼을 장도(粧刀)라고 한다. 도자(刀子), 즉 손칼이라는 의미로 그 가운데 은장도는 은장도자라는 말에서 비롯된 것으로 보여 진다.

    옷고름에 차는 것을 패도(佩刀), 주머니 속에 넣어두는 것을 낭도(囊刀)로 구별하기도 한다. 패도 중 가장 큰 것은 전장 약 15cm가 된다. 도신, 즉 날의 길이는 9cm 정도이며, 작은 것은 전장 9cm에 도신 5cm 정도가 보통이다. 반면에 낭도는 패도 가운데 작은 것과 크기가 거의 동일하다.

    장도는 말 그대로 장식을 한 칼로 한 자루를 만들기 위해서는 무려 35번의 공정이 필요하다. 장신구라는 개념이 더 강하다보니 화려하고 고급스럽게 치장될 수밖에 없었다. 금과 은을 비롯해 수정, 상아, 뿔, 소뼈, 대나무 등 다양한 재료가 사용되었다. 금·은이나 옥과 같은 재료로

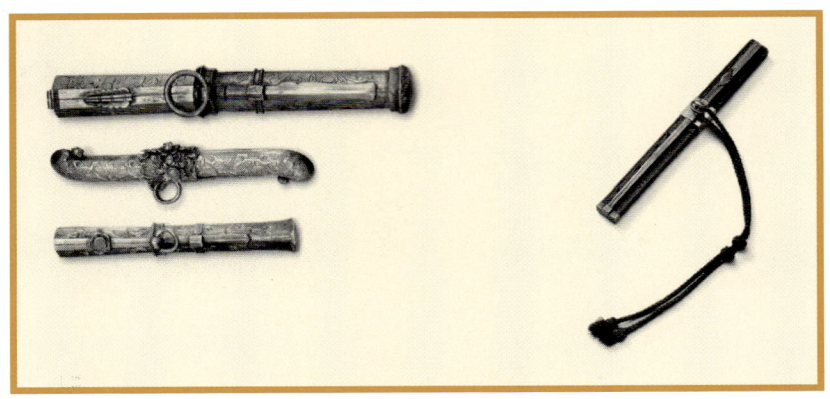

은장도 국립민속박물관 소장

만든 장도는 양반들이, 대나무 등 목재로 된 장도는 평민들이 주로 소지하고 다녔다.

장도는 제사 때 종이를 자르거나 과일을 깎을 때 이용되기도 했다. 은 젓가락이 달려 있는 것도 있는데, 외식을 할 경우나 혹은 독이 든 음식을 확인할 때 사용했다.

그런데 차츰 장도를 호화스럽게 장식하려는 풍조가 만연하게 되자 그에 따른 제약이 가해지기도 했다.

그 중에서도 은장도가 도마에 올랐는데, 연산군 4년(1498) 사치금지 조항에 '서인들에게는 은장도를 금지한다' 는 내용을 포함시켰으며, 또한 중종 17년(1522)에도 사치풍조가 만연하여 '은장도는 당상관 외에 사용하는 것을 일체 금지한다' 는 언급이 있었다.

그러나 지위고하를 막론하고 사치스러운 은장도의 소지는 근절되지 않았다. 더군다나 은장도가 정조의 상징으로까지 인식되어 여인들은 필수품처럼 여겨졌다. 이때 칼날에 일편단심이란 글을 새기기도 했는데,

은장도는 필요에 따라서 요긴하게 쓸 수 있는 도구이면서 호신용이자 자결용 무기도 되었다.

고려시대 때 몽골의 침입을 받아 대구의 고려초조대장경이 소실되는 등 막대한 피해를 입었다. 이때 몽골인의 영향을 받아 여인들이 옷고름에 은장도를 매달게 되었고, 여자가 시집갈 때 족두리를 쓰고 볼에 연지를 찍는 풍습이 생겨났다.

실제로 『동국신속삼강행실도』에 보면 '임진왜란 때 경상도 함안군에 사는 이희지의 아내 신씨가 왜놈이 겁탈하려고 하자 장도로 자결을 했다' 는 기록이 있다.

그런데 칼날의 길이가 비교적 짧다는 사실에 비춰볼 때 자결이 쉽지 않았을 것이다. 치명상을 줄 부위를 찔러야 하는데 조선시대 여인들의 옷차림을 떠올리면 쉽지가 않다.

은장도는 자결용보다는 언제든지 자신은 목숨을 버릴 수 있다는 간접적인 표현이자 정절의 상징으로 해석하는 것이 좋을 듯하다.

장신구와 함께 은장도는 패물이라는 인식도 있어 사대부 가문의 여인들은 이를 대물림하기도 하였다. *

궁녀를 양가의 딸 중에서 징발한 적도 있다

이제 궁궐에 들어와 영화와 부귀가 지극하다. 그러니 당연히 몸과 마음을 맑게 하여 옛 버릇을 고치고 다른 마음을 품지 말아야 한다. 이제부터 죽을 때까지 임금을 받드는 마음 변하지 말고 영원히 궁 밖으로 나가지 않아야 한다. 살아서는 궁인(宮人)이 되고 죽어서는 궁사(宮斜, 기생의 공동묘지인 선연동)에 묻히며, 살아서든 죽어서든 한 마음을 지켜야 하며 나라를 저버리지 않도록 힘써야 한다.

연산군 12년(1506)에 내려진 전교의 내용 일부다. 이처럼 조선시대 궁녀들은 오직 임금과 궁궐을 위해 한평생을 살아야 했다.

궁녀가 되기 위해서는 자발적으로 입궁하는 것이 원칙이었다. 궁궐에서 강제로 징발하는 경우는 거의 없어 부모의 동의나 혹은 본인의 의사에 따른 결정이 우선이었다. 궁녀가 되려는 이유는 쉽게 벗어날 수 없었던 가난 때문이었다. 그래서 10세 전후의 어린 나이에 궁궐에 들어가 한

평생 살아야 하는 운명을 스스로 선택할 수밖에 없었던 것이다.

그런데 효종 4년(1653) 내수사에 명을 내려 양가의 딸들을 선발해 궁녀로 삼게 한 일도 있었다. 하지만 자발적인 입궁이 되지 못한 탓인지 어느 정도 잡음이 있었다.

양가의 딸을 뽑아 궁녀로 삼기 위해 내수사 사람이 여러 날 동안 민간에서 찾았지만 소요가 생겼다. 여염집의 10세 이상인 딸들은 앞 다투어 시집을 가기도 했다. 국법으로는 궁인을 으레 각사의 종에서 뽑는데, 이제 양민을 침범하고 환시를 시켜 맡게 하자 듣는 자들이 속으로 개탄했다.

궁녀의 운명을 선택한 그녀들이지만 한 가지 걱정은 덜 수 있었다. 가난한 생활에서 벗어나는 것은 물론 남편과 자식에 대한 속병 따위를 끊이지 않아도 된다는 것이다. 그렇다고 궁녀의 생활이 항상 마음 편하고 순조로운 것만은 아니었다. 마음 놓고 궁궐 밖으로 나갈 수 없는 것은 물론 자칫 그릇된 언행으로 종아리를 맞거나 목숨까지 잃을 수도 있었다. 대부분 궁궐 안에서 온갖 눈치를 보며 숨 한 번 크게 쉬지 못한 채 늙어가야 하는 운명이었다.

한평생 궁궐 안에서 세월을 보낸 궁녀들은 더 이상 일을 할 수 없는 노년이 돼서야 비로소 본가로 돌아갈 수 있었다. 물론 심각한 질병에 걸렸을 때도 마찬가지였는데, 문제는 그들을 모실 자식이 없다는 점이었다. 그래서 대부분 본가에 있는 동생이나 조카들이 받아주었는데, 그럴 형편조차 되지 못하면 사찰로 들어갈 수밖에 없었다. 그래서 궁녀 출신들 가운데는 불교신자들이 많은 이유도 그 때문이다. ✻

궁녀들도 결혼한 적이 있었다

　어린 나이로 궁궐에 들어가 늙어서야 본가로 다시 돌아올 수 있는 운명의 여인들이 궁녀였다.

　성년식을 치르면서 임금과의 혼례를 올리기는 하지만 신랑이 없는 신부만의 자리일 뿐이다. 그렇게 한번 혼례를 올리면 평생 궁궐 안에서나 밖에서나 정조를 지키며 살아야하는 것도 그들이었다.

　『경국대전』에 '방출궁녀를 얻는 자는 곤장 100대를 가한다.' 고 규정해 궁녀의 자유를 금지하였다. 그러나 그녀들도 궁녀이기 전에 한 사람의 여자였던 터라 한평생 외로운 밤을 보낼 수만은 없었다. 그래서 은밀히 생겨난 것이 소위 말하는 남근목이다.

　궁녀들이 살았던 처소에서 대거 발견되었다고 하는 이것은 그 모양이 마치 포졸들의 방망이처럼 생겼다. 그러나 이것을 실제로 궁녀들이 자신을 위로하는 일에 사용했는지는 확실하지 않다. 왜냐하면 임금의 승은을 입기 위해 부적의 의미로 지녔다는 견해도 있기 때문이다.

그러나 궁궐 밖에서는 궁녀들이 다른 남자와 정을 통하는 일이 종종 벌어졌다. 세종 21년(1439) 별시위로 있는 이영림이 궁녀와 간통을 한 사건이 있었다. 사헌부에서는 참형으로 다스려야 한다고 청했지만, 세종은 특별히 2등을 강등하는 것으로 일단락 지었다.

세종은 궁녀들을 궁궐 밖으로 내보내 자유를 주기도 했던 임금이다. 물론 태종 때도 가뭄을 해소한다는 구실로 궁녀들을 내보낸 적이 있었다. 그 당시 가뭄은 남녀의 음양 조화가 깨져 생긴다고 믿었기 때문에 궁여지책으로 궁녀들을 내보내 자유롭게 결혼을 할 수 있도록 했던 것이다. 그런데 세종의 경우는 자연의 조화를 위해서가 아니라 궁녀들의 인권을 위한 조치였다.

세종 26년(1444) 다음과 같은 명을 내린 적이 있다.

궁중의 궁녀들과 취사부들이 오랜 세월 내전에서 답답하게만 지내니 내가 그 수를 줄여 밖으로 내보내고자 한다.

한 평생 궁궐의 법도에 묶여 살아야 하는 것이 궁녀들이었지만, 단종 때도 그녀들을 위한 인권은 살아있었다. 단종이 즉위한 해(1452) 병에 걸린 궁녀의 치료를 거부한 판선공감사 이백상 등을 의금부에 가두고 국문을 청했다는 기록이 있다.

한편 현종 3년(1662)에는 승지 김시진이 궁녀들에게 더욱 자유로운 삶을 주기 위해 상소를 올리기도 했다.

궁녀와 제궁가의 나인들을 궁 밖으로 내보내 그들도 시집가도록 허락함으

왕비와 궁녀들 중앙의 인물이 윤비(순정황후)이고 당시 시중들던 궁녀들의 모습

로써 『주례』에 나오는 다혼(多昏)의 의리를 따르시고 답답한 기운을 풀어 화기를 불러오는 소지로 삼으소서.

그러나 현종은 아무런 대답을 하지 않았다. 현종은 비교적 궁녀들에 대한 단속을 엄격히 했던 임금이었다. 현종 8년(1667) 형부(兄夫) 이홍윤과 간통한 대비전 궁녀 귀열의 처벌을 논할 때도 그런 현종의 자세가 드러난다.

귀열이 임신까지 했다는 사실이 드러나자 현종은 당장 그녀를 가두라는 명을 내렸다. 귀열은 그 후 옥에서 아들을 낳고는 모든 사실을 실토하고 말았다. 형조에서 귀열에게 교형을 적용할 것을 청하자 현종은 등급을 높여 참형에 처하라는 명을 내렸다. 형조에서 법을 인용하며 간쟁을 했지만 현종은 따르지 않고, 즉시 형을 집행하라는 엄교로 답을 대신

했다.

궁녀 가운데 역사에 이름을 남기는 여인들도 있었다. 미모가 출중해 임금의 후궁이 되거나 권세를 휘두르다 악녀로 낙인이 찍혔거나 혹은 정치적인 사건에 휘말려 세상에 알려지기도 한다. 후궁으로서 정계의 판도마저 뒤바꾼 여걸이라 할 수 있는 숙종 때의 장희빈과 광해군 때 전횡을 일삼았던 상궁 김개시가 대표적인 예이다.

조선시대 수많은 궁녀들은 비록 자발적인 선택으로 궁궐에 들어왔지만 임금과 왕비 등의 명령에 따라 움직여야 하는 운명이었다. 대부분의 궁녀들은 이름조차 알려지지 않은 채 역사 속에 묻혀갔다. 또한 겉으로 드러난 몇몇 궁녀들 역시 어쩔 수 없는 역사적 소용돌이 속에서 살아야 했던 운명의 여인들이었다. ✳

부적이 되었던 생리대

조선시대 생리대 역할을 하던 것이 개짐이다.

월경, 생리 등을 달거리라고도 표현했는데 이때 사용된다고 해서 달거리포라고도 불렀다. 그러나 개짐이라는 표현을 더 많이 썼으며 생리대의 상징이 되기까지 했다.

개짐은 주로 질이 좋은 광목천을 사용했는데 지역에 따라 부르는 명칭이 달랐다. 개짐을 한자로 세답(洗踏)이라고 하는데 서답이라고도 불렀다.

경상도와 제주도 그리고 평안도에서는 사투리로 빨래를 서답이라고 하고 제주도에서는 빨래를 너는 줄을 서답배라고 해서 현재도 그렇게 표현하고 있다. 그밖에도 개짐은 월경포, 월경대 또는 가지미 등으로도 불렸다.

조선시대에는 달거리를 부끄럽고 조심스러운 것으로 여겨 딸이 초경을 시작하면 어머니가 은밀히 흰색의 광목천을 내주었다. 달거리를 시작하는 소녀들은 이 광목천, 즉 개짐을 소중하게 다룰 수밖에 없었다. 왜냐하면 한번 사용한 개짐은 세탁해서 재사용을 해야 했기 때문이다. 그런데 사용한 개짐을 들고 개울가에 나갈 수도 없는 노릇이라 사람들의 시선이 없는 한밤중을 이용해 조심스럽게 빨고 말려서 옷장 안에 감추듯 넣어두었다가 다음 달에 사용하였다. 개짐을 몰래 빨아 말리고 보관하는 일은 조선시대 후기는 물론 근대 초까지 계속 이어질 수밖에 없었다. 그런데 이와 같은 은밀한 세탁과 보관은 출산을 상징하는 본래의 의미와는 달리 부정적이고 주술적인 면도 포함시키는 원인이 되기도 했다.

개짐을 보다 안전하게 사용하기 위해서 곁에 다리속곳을 착용하였다. 끈으로 개짐을 묶어도 흘러내렸기 때문이다. 그래서 다리속곳은 개짐의 역할도 할 수 있게 개선이 되었다.

개짐은 오래 사용한 것일수록 특별한 대접을 받았다. 가뭄이 심하거나 전염병이 창궐하는 때에 부적처럼 사용되었기 때문이다. ✳

옷 조각이 이혼증서가 되었다

소박을 맞아 내쫓기는 경우가 아니고 정식으로 부부의 연을 끊고자할 때는 이혼증서를 써주었다.

이를 할급휴서(割給休書)라고 하는데 남자가 여자에게 주는 것으로 휴서 또는 수세라고도 했다.

조선 중기의 문신 이황이 단양군수시절에 기생 두향과 이별할 때 헤어지는 증표로써 저고리를 잘라 할급휴서를 주었다는 일화가 전해진다.

한문을 모르던 평민과 천민의 경우는 이 증서를 쓸 수가 없었다. 그래서 남자가 자기 옷고름이나 저고리 일부를 세모 모양으로 찢어 이혼증서 대신 여자에게 주었다. 한문으로 된 증서와 구별하기 위해 이를 수세베기라고 했다. 그런데 여자가 사회적으로 규범에 어긋난 행동을 했거나, 그에 상응하는 사연을 갖고 있을 때만 적용되었다.

이혼증서를 지닌 여자들은 재혼을 할 수 있었는데, 간혹 이것을 주지 않으려는 남자 때문에 적지 않은 실랑이가 벌어지기도 했다. 일단 나비

조선시대 여인의 평상복 국립민속박물관 소장

라고도 불렸던 이 옷 조각을 얻어낸 여자들은 이불보를 등에 지고 이른 새벽 성황당 앞에 서 있는 것이 풍습이었다.

특히 함경도 지방에서 성행했는데, 가장 먼저 만난 남자에게 보쌈을 당하기 위해서였다. 여자가 나비를 손에 들고 있으면 이를 처음 발견한 남자가 이불보로 보쌈을 해서 데려갔다. 남자가 벼슬아치든 떠돌이 장사꾼이든 심지어 노비일지라도 무조건 따라갈 수밖에 없었다.

남자 역시 운명으로 받아들여 여자를 집으로 데려가 살았다. 한편 여자 입장에서는 일방적으로 강요되던 수절에 대한 일종의 항거이자 구속에서 벗어날 수 있는 길이기도 했다. ✳

조선시대에도 함들이 사치가 만연했다

함들이 풍습은 조선시대에도 적지 않은 문제를 일으켜 수많은 예비 신랑 신부들을 곤궁에 빠뜨리기도 했다.

원래 봉치라고 했던 함들이는 음양의 화합을 상징하는 청실홍실과 득남을 기원하는 비단주머니 일곱 개를 넣어 행복을 바라며 보내던 풍습이었다. 하지만 차츰 청·홍의 실 대신 채단(采緞)이라 일컫는 비단이 쓰여 재물이라는 의미가 담겨지기도 했다. 문제는 함 속에 든 재물이 점점 사치로 이어졌다는 점이다.

함 속에 든 것이 무엇이냐에 따라 과시할 수도 있고 반대로 무시당할 수도 있었다. 채단과 함께 함 속에 반드시 들어있어야 할 혼서(婚書, 신랑 집에서 보내는 편지)보다는 비단의 질과 양을 더 챙기기도 했다.

문종 때 학자 유효통이 아들을 결혼시키려고 함을 보냈는데 그 속에 책을 넣어보내 사돈인 정승 황보인을 놀라게 하기도 했다는 일화가 전해지기도 한다.

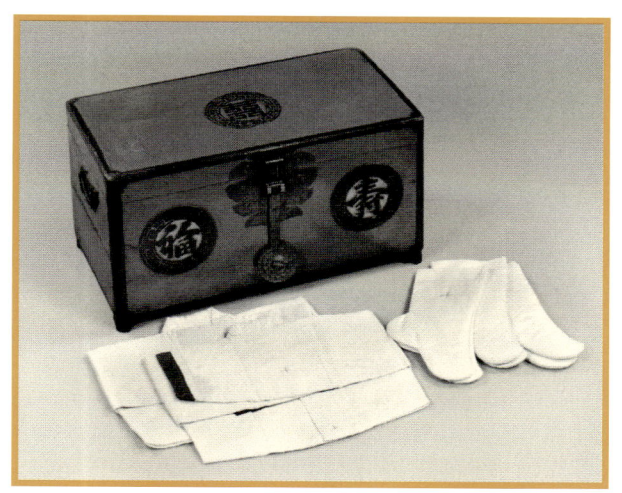

혼수함 국립민속박물관 소장

조선시대 중기 무렵에는 함들이 사치가 만연해져 큰 사회문제로까지 확대되었다.

혼기를 놓친 젊은 남녀들이 늘어나자 급기야 중종 때는 '납폐(納幣, 신랑 집에서 보내는 예물)의 수량과 품질 등을 관등에 따라 제한하라'는 조치가 내려질 정도였다. 또한 함들이를 언제 할지를 관가에 신고하게 하고 감찰각시라는 여자 관리를 통해 감독하게 하였다.

함을 지는 사람 역시 눈총을 받는 대상으로 전락하기도 했다. 처음에는 함진아비를 친구가 아닌 신랑 집 노비에게 맡겼다고도 한다. 함들이 날 벌어지는 실랑이는 그때도 있었는데, 마을 왈패들이 무리지어 나타나 함 옆에 켜놓은 촛대를 훔쳐 달아나는 것이 고작이었다. 그럴 때면 신부 집에서 술과 안주를 한상 차려오면 촛대를 돌려주는 것으로 끝이

나고는 했다. 신랑 친구들이 악다구니를 쳐가며 거액의 함 값을 받아내려는 것은 그 후 와전되어 생겨난 악습이다.

　좋은 풍습은 사람들을 어울리게 하고 사회를 발전시킨다는 사실을 조선시대 사람들도 분명 알고 있었을 것이다. 하지만 후세에 일부 악습으로 전해질 것이라는 예상만은 못했던 것 같다. ✽

여인들이 남자 의원을 꺼려해
목숨까지 잃었다

남자 의원, 즉 남의(男醫)에게 진찰받는 것을 부끄러워해 병을 키우다 목숨까지 잃었던 것이 조선시대 여인들이었다.

성리학의 영향으로 남녀구별이 엄격했기 때문이다. 그래서 남의가 진맥을 하려고 해도 선뜻 손목을 내주지 못하고 아예 병을 감추려들기까지 했다.

이 같은 폐단을 없애고자 태종 6년(1406) 제생원지사 허도의 건의에 따라 어린 소녀들에게 의술을 가르치도록 제생원에 명을 내렸다. 관비 가운데 소녀들을 선발해서 중국 고대의 의서인 『맥경(脈經)』과 침술 그리고 뜸 등을 익히게 하여 부녀자 치료에 나서게 하였다.

의녀제도가 시작된 초기에는 한성에 국한되었지만, 세종 5년(1423)에는 각 도 계수관의 관비를 뽑아 의술을 가르치게 하기도 했다. 의술을 배운 의녀들은 각자 본거지로 돌아가 그곳 부녀자들을 위한 치료에 심혈을 기울였다. 그 결과 의녀의 활동 무대가 지방까지 확대될 수 있었다.

세종은 의녀의 활동이 효과를 거두자 의료 혜택을 확대하기 위해 그 수를 늘리기도 했다. 또한 의녀에게 필수적인 의술과 함께 주로 산부인과에 대한 교육을 집중적으로 시켰다. 의녀들이 주로 관비 출신들이라 학문적인 기초가 상대적으로 부족했기 때문이다.

성종 때는 의녀를 3단계로 나누어 관리하기도 했다. 교육을 받은 지 얼마 되지 않은 초학의, 공부를 하며 치료를 겸하는 간병의, 전문 의원으로 활동하는 내의이다. 그러나 의녀는 연산군과 중종 시절에는 각 관청의 잔치나 조관들의 연회에 참석해야 하는 기생 역할도 했다. 중종 5년(1510)부터 의녀를 연회에 부르지 못하도록 했지만 그 후로도 잘 지켜지지는 않았다.

기녀가 기생보다 격조가 있는 것으로, 또는 점잖게 바꿔 부르는 정도로만 알고 있는 경우가 많다.

기생은 술자리에서 가무로 흥을 돋우는 것을 업으로 하는 여자이다. 이들은 천민에 속했고 말을 알아듣고 할 줄 아는 꽃 혹은 미인이라는 의미로 해어화(解語花)라고도 불렸는데 화류계의 여자인 셈이다.

고대 사회에서 전쟁 후 포로들 중 미모와 가무에 뛰어난 여인들을 선발했는데, 여기서 기생이 유래되었다는 설이 있다. 또한 신라시대 진흥왕 때 화랑의 전신인 원화(源花)에서 생겨난 것이 기생이라는 견해도 있다.

한편 『고려사』에 등장하는 무자리, 즉 양수척(楊水尺)에서 유래되었다고 보기도 한다. 양수척은 후삼국과 고려시대 때 천업에 종사하며 떠돌던 무리였다. 원래 이들 대부분은 여진이나 거란 계통의 포로나 귀화인

기녀

광혜원　1885년 2월 29일 고종이 미국 선교의사인 알렌의 건의를 받아들여 서울 재동에 설립한
최초의 근대식 병원

출신인데 주로 유민생활을 할 수밖에 없었다. 훗날 이들을 노비로 삼을
때 미모가 뛰어난 여자를 선발해 가무를 익히게 해서 기생을 만들었다
는 것이다.

　반면에 기녀는 원래 의약과 침술을 다루며 조산사(조산원) 등 의료 활
동을 하던 의녀가 변질된 모습이다. 의녀제도는 연산군과 중종 시절을
거치면서 각 관청의 잔치 등에 참석해야 하는 기생 역할도 했다. 이때
내의원의 별칭인 약방에 소속된 의녀들이 잔치에 단장을 하고 불려간다
고 해서 약방 기생이라고 부르게 된 것이다.

　기녀들은 늙거나 병이 들면 낙향할 수밖에 없었는데, 그곳 민간에서
벌어지는 잔치에 불려가기도 했다. 궁궐에서 익혔던 가무 등이 일반에
알려지는 계기가 되기도 했다.

그래서 기생과는 달리 의녀 출신인 기녀들을 보다 품위 있고 격조 높은 대상으로 여겼던 것이다.

의녀제도는 조선시대 후기까지 계속되어 고종 때만 해도 그 수는 80명에 달했다. 그러나 서양의사가 궁궐에 들어오면서부터 의녀들은 차츰 사라지기 시작했다. 그 후 우리나라 최초의 근대식 병원이 생긴 것은 고종 22년(1885)으로 미국인 선교사 알렌(Horace M. Allen)의 주관 아래 세워진 광혜원이다.

남자 의사가 진료를 하는 산부인과가 문을 열기도 했다. 1925년 황해도에서 신필호 산부인과 의원이 개업을 했는데 이 역시도 우리나라 최초였다. 그는 3년 후 경성에 와서 똑같은 간판을 인사동 사거리에 내걸었다. 처음에는 모두가 경악을 금치 못했지만 차츰 소문이 좋게 나자 상황이 달라졌다.

엄격한 남녀구별 속에서 조선시대 여인들은 그나마 의녀제도를 통해 건강을 돌볼 수 있었다. 하지만 남자 의사가 아이를 받게 되는 날이 오리라고는 쉽게 상상하지 못했을 것이다. *

무당이 의료행위를 했다

조선시대 무당들은 의료행위도 했다.

중종 때까지 무당들은 본업인 복을 구하는 기도나 굿보다 재앙을 물리치고 병을 치료하는 행위에 더 중점을 두었다. 병이 난 백성들이 가장 먼저 찾는 것이 의원이 아니라 무당이었던 셈이다.

무당이 병을 치료할 수 있다고 믿었던 이유는 신의 존재에 대한 강한 믿음 때문이다. 그 당시 사람들은 병이 드는 것을 귀신의 작용이라고 생각했다. 그래서 병을 고치려면 신기가 있는 무당의 힘을 빌려야 한다고 판단했던 것이다. 더군다나 무당들이 사는 곳에는 전염병을 퍼뜨리는 귀신이 근접하지 못한다는 믿음도 갖고 있었다.

그 당시 의술로는 치료할 수 없는 병이 많았다는 것도 그 이유이다. 그래서 의술은 한정된 병에만 유용하다는 한계성을 깨달은 많은 사람들은 무가(巫家)로 몰릴 수밖에 없었다. 또한 일반 백성들이 의원을 찾기에 비용부담이 컸다는 점도 요인으로 작용했다.

무당이 의료행위와 연관을 맺게 된 것은 오래 전이다.

고려시대의 대표적인 대민 의료기관이 대비원인데, 조선시대에도 이와 흡사한 활인서가 있었다. 정부가 운영하는 의료기관으로 주로 한양의 평민과 천민들의 질병을 무료로 치료해 주었다. 진맥을 살피고 침을 놓고 약재를 처방하는 것은 중인 신분의 의원들이 했다. 그런데 이곳에서 전염병을 특별 담당해 치료하던 사람들이 바로 무격(巫覡)인 무당과 박수였다.

조선시대 전염병 가운데 가장 무서워하던 것이 마마였는데, 이 병을 가져오는 귀신을 특히 손님이라 불렀다. 손님이 오면 당연히 무당을 불러 굿을 해야지만 무사히 돌려보낼 수 있다고 믿었다. 그래서 무당들을 제도적으로 활용할 방안을 찾다가 활인서에 소속시켜 의원자격을 준 것이다.

활인서뿐만 아니라 무당의 의료행위는 지방으로 갈수록 더욱 성행할 수밖에 없었다. 왜냐하면 지방의 현 단위에는 의원이 겨우 한 군데 밖에 없었던 반면 무당의 수는 상대적으로 많았기 때문이다.

중종반정으로 훈구파를 몰아낸 사림파는 도교신앙과 민간신앙을 철저하게 배격하고 소격서마저 폐지하기도 했다. 그 결과 활인서에서 일을 하던 무당들도 한양 밖으로 내몰릴 수밖에 없었다. 하지만 여전히 무당들에 의한 작은 의료행위는 이어졌다.

이때부터 숙종 때에 걸쳐 아예 무당들을 한양에 살지 못하게 하는 법령이 반포되었다. 그러나 무당들은 한양은 물론 궁궐에까지 출입을 했는데, 장희빈이 인현왕후를 저주한 사건만 봐도 잘 알 수 있다. 궁궐까지 출입한 무당들이 사대부의 내방이나 민간에 드나드는 것은 더욱 쉬

무녀굿
초립을 쓴 무당이 왼손에 방울을 쥐고,
오른손에는 붉은 부채를 든 채 굿을 하는 장면 「기산풍속도첩」

운 일이었다.

성리학이 나라 전체를 지배하고 있어도 민간에서는 여전히 이에 상반되는 일상생활을 이어가고 있었다. 일반 백성들은 민간신앙에 더욱 기댔고, 도교를 찾고 불교와 미륵을 찾아 자신들의 안녕을 빌었다. ✽

대를 잇기 위한 씨내리를 두었다

조선시대 양반가문에서 아들을 낳지 못하거나 대를 이을 수 없을 때 들였던 것이 씨받이였다.

특히 명문가 며느리일 경우 칠거지악 중 하나였기에 쫓겨나지 않으려면 어쩔 수 없었다.

그런데 반대로 남자에게 문제가 있어 후사를 보지 못할 때는 씨내리를 두기도 했다. 다른 남자를 들여 아들을 낳게 하던 일로 신라시대에는 이미 삼서제도를 두어 이를 해결했던 것으로 보인다.

삼서지제라고도 하는 이 제도에 따르면 자식을 낳지 못하는 왕녀의 경우 남편을 셋까지 둘 수 있었다. 신라시대 한산주 도독 김대문이 펴낸 역사책 『화랑세기』에 보면 '선덕여왕이 자식을 낳기 위해 용춘, 흠반, 을제 등 3명의 남편을 두었지만 끝내 이루지 못했다'고 나와 있다.

고려시대 밀식부사의 고관이었던 허유는 대를 잇지 못하자 가문회의 끝에 자신의 노비를 아내와 합방시킨 일도 있었다. 그러나 허유는 끝내 그 충격에서 벗어나지 못한 채 아내의 귀와 노비의 성기를 잘라버렸다고 한다.

씨내리는 소금장수나 땜장이들 가운데서 많이 선택되었다. 이들은 직업상 떠돌이 생활을 하는 자들로 씨내림을 마친 뒤 떠나면 그만이라는 생각에서 선택되어졌는지도 모른다. 하지만 체면을 중시하고 행여 소문이 날지 모른다는 우려감을 떠안은 양반에 의해 상당수는 죽임을 당하였다.

사실 혈통과 가문을 중시하던 양반들의 정서를 헤아리면 씨내리로 그런 신분을 택했다는 것 자체가 쉽게 이해되지 않는 부분이기도 하다. 하지만 남아선호사상과 함께 반드시 대를 이어야 한다는 관념에 묶여있던 그 당시를 생각하면 무리는 아니다.

조선시대 혹은 그 훨씬 이전부터 아들을 낳고 대를 잇기 위해 얼마나 전전긍긍했는지를 알 수 있는 부분이다. ✽

　　조보는 민간에서 만들어 배포한 것이 아니라 정부가 발행하던 신문의 형태였다. 그래서 민간에 관련된 소식보다는 나라의 주요 소식과 천재지변 등을 주로 다뤘다. 그중에서 기이한 자연현상이 발생하면 정치를 못해 벌어진 일이라는 논평까지 덧붙여지기도 했다.

4

세계의 중심에 서기 위해서

조선의 아침을 열었던 일간신문

조선시대 전기에도 매일 발행되던 신문 형태의 소식지가 있었다.

조보(朝報)라는 것으로 초기에는 '기별(奇別)하다'의 어원이 된 기별 또는 기별지라고도 했다. 처음에는 역사를 기록하던 관리인 사관이 조정에서 내려진 결정사항과 견문록 등을 적어 각 관청에 돌리는 것에서 출발했다.

조보라는 이름을 갖게 된 것은 세조 때였다. 승정원에서 발표할 사항들을 필사, 즉 베껴 쓴 뒤 발행하였다. 임금이 내리는 명과 지시 그리고 유생과 관리들이 올리는 상소문과 보고서 등을 다뤘다.

관리들의 승진과 해임 그리고 일반 사회면에 해당하는 내용도 약간 실었다. 이 가운데는 각 지방의 농사와 날씨에 대한 현황 등이 포함되었고, 첫서리가 내린 날과 강우량에 대한 기사는 필수적이었다. 이런 기사들을 비교적 빨리 쓸 수 있는 기별체를 이용해 작성한 후 한양은 물론 지방과 상류층의 사람들에게 돌렸다.

조보는 민간에서 만들어 배포한 것이 아니라 정부가 발행하던 신문의 형태였다. 그래서 민간에 관련된 소식보다는 나라의 주요 소식과 천재지변 등을 주로 다뤘다. 그중에서 기이한 자연현상이 발생하면 정치를 못해 벌어진 일이라는 논평까지 덧붙여지기도 했다.

그 당시 정가의 분위기까지 좌지우지하던 자연현상은 주로 '네 발 달린 병아리가 태어났다' '달걀 크기의 우박이 쏟아져 날던 새가 죽고 사람도 놀라 죽었다' '혜성이 나타났다' '달에 점이 생겼다' 등등이었다.

그러나 조보에서 보다 자세한 민간 관련 기사는 찾아볼 수가 없었다. 더군다나 한문을 읽을 줄 아는 소수의 식자층이 주요 독자였기 때문에 기사의 내용에 제약이 따를 수밖에 없었다.

시각을 다투는 소식을 알려야 할 때는 하루를 넘기지 않고 그날 즉각 호외를 발행하기도 했다. 분발(分撥)이라고 하는 이것은 선조의 왕비인 인목왕후 김씨가 공주를 낳았을 때 활용되기도 했다. 분발은 상황에 따라 하루에도 몇 번씩 발행되었기 때문에 각 관청마다 호외전담 분발서리와 분발군사를 따로 배치해두었다.

중종 15년(1520)에는 독자층을 더 늘려 상공관계인에게도 배포를 했다. 그런데 선조 10년(1577) 한양에서 무려 30여 명이 조보를 인출해 활판인쇄를 해서 사람들에게 구독료를 받고 파는 일이 벌어졌다. 돈만 있으면 누구든지 구입할 수 있고 필사를 한 것보다 읽기가 수월해 반응이 좋았다.

그러나 두 달 후 이 사실을 알게 된 선조는 대노하며 관련자 모두를 잡아들여 매를 치게 한 뒤 귀양을 보냈다. 선조는 민간에서 관보를 돈을 받고 팔았던 사실보다는 나라의 기밀이 해외로 유출될 것을 더 우려하였다.

　이 사건이 있은 뒤 조보를 인쇄하는 일을 엄중히 금했다. 이는 아쉽게
도 근대적 인쇄매체로 더는 발전하지 못하게 한 계기가 되기도 했다. 선
조 때에 조보를 인쇄했던 것이 세계 최초의 활판인쇄를 통한 일간신문
이라는 견해도 있다. 서양의 활판인쇄 일간신문이 처음 나온 것이 1600
년대 중반이니 그보다 70년 이상 앞섰던 일이었다.

　그 후 조보는 고종 31년(1894) 갑오개혁 때 폐간되었다가 다음 해 관보
라는 명칭으로 이어져 현재까지 매일 발행되고 있다. ✽

최초의 안경은 거북이 등껍데기로 만들었다

　광해군 6년(1614) 우리나라 최초의 백과사전적 저술이라 할 수 있는 이수광의 『지봉유설』에 안경의 전래에 대한 기록이 있다. 그러나 전래된 정확한 연도는 나와 있지 않아 아쉬움이 남는다.

　다만 실록에 '안경은 2백년 전 처음 있었던 물건이다' 라고 되어 있을 뿐이다. 이 기록으로 보아 안경이 전래된 것은 임진왜란 전후가 아닐까 추측할 수밖에 없다.

　그런데 최근 밝혀진 바에 의하면 우리나라에 남아있는 가장 오래 된 안경은 조선시대 부사 김성일이 지니고 있던 것이다. 지난 1984년 경상북도 안동에 있는 그의 14대 손이 그동안 소장하고 있던 것을 세상에 공개하면서 알려졌다. 김성일은 선조 23년(1590) 통신사로 일본에 갔다가 다음 해에 돌아온 인물이다.

　김성일의 안경은 끈으로 꿰어 귀에 고정하는 방식으로 귀갑, 즉 거북이 등껍데기로 만들어진 것인데 접었다 폈다 할 수 있으며 정교한 경첩이 달려있는 게 특징이다.

안경집은 나무를 파서 만든 것으로 안경을 접어서 넣은 다음 닫을 수도 있는데, 뚜껑을 옆으로 비껴 밀면 열리게 된다. 이 안경이 발견됨으로써 우리나라에 안경이 전래된 것이 임진왜란 중이나 후였다는 주장에 수정이 가해질 수밖에 없다. 김성일이 사망한 것은 임진왜란 초기인 1593년이므로 여러 정황을 종합하자면 대략 그 전인 1580년경을 전후로 해서 중국을 통해 들어온 것으로 추측된다.

중국에서는 안경을 처음 전한 네덜란드 사람의 이름을 따서 애체라고 표기했다. 우리나라 역시 이 중국어 표기를 그대로 가져와 처음에는 애체라고 불렀다.

안경의 어원을 살펴보자면 눈거울이란 뜻으로, 거울의 원리에서 탄생되었기 때문에 생긴 말이다. 삼국시대와 가야의 청동 거울 다음에 만들어진 것이 유리로 된 거울이었다. 그리고 더 발전하여 오목·볼록 유리가 발명되었고 이것이 모체가 되어 오목·볼록 렌즈가 탄생되었는데, 그래서 안경을 눈 거울이라 부르게 된 것이다.

조선시대에 안경이 발전하고 널리 보급되지 못한 이유는 수요가 많지 않았기 때문이다. 안경에 대한 인식조차 서 있지 못한 탓에 제 구실을 못했던 것이다. 안경을 착용했을 때 따르는 제약과 그를 바라보는 시각 등 여러 개방적이지 못한 사고방식도 한 몫을 했다.

안경을 우리 손으로 제작하기 시작한 것은 17세기로 접어들면서부터였다. 그때 역시 소량으로 생산이 되었고 지극히 제한된 일부 계층에서만 착용하였다.

하지만 영조 때에 와서 나름대로의 발전을 도모하기 시작했다. 그 결과 조선 임금으로서는 처음으로 정조도 노년에는 안경을 썼으며 전국에 널리 보급될 수 있었다.

정조 23년(1799)의 기록이다.

나의 시력이 이전보다 점점 못해져서 경전의 문자는 안경이 아니면 알아보기가 어렵다. 그러나 안경은 2백 년 전 이후 처음 사용되는 것이라 이것을 쓰고 조정에서 국사를 처결한다면 사람들이 이상하게 볼 것이다.

정조가 노년에는 어쩔 수 없이 안경을 사용했다고는 하지만 처음에는 이처럼 사람들의 시선을 의식했던 것으로 보여 진다. 정조가 착용한 안경의 테는 옥이지만 다리는 여전히 실이나 끈으로 된 것이었다. 옥 테로 된 안경은 동양적인 풍취가 짙었고 왕족만이 사용할 수 있었다.

왕족 이외의 사람들은 거북이 등껍데기를 비롯해 주로 소뿔과 나무 등으로 만든 안경을 착용했다. 렌즈는 경주와 언양 지방에서 나는 수정을 연마해서 썼다고 한다. 색이 들어간 렌즈가 필요할 때는 자수정을 썼는데, 그 결과 전반적으로 안경은 고가의 사치품이 될 수밖에 없었다. 안경 하나를 사려면 웬만한 집 한 채 값이 들기도 했다. 그래서 외국에서 사들이기까지 했는데, 특히 안경이 크게 유행한 순조 때는 중국뿐만 아니라 일본에서도 수입해왔다는 기록이 있다.

안경을 수입했지만 수입되는 안경의 물량이 극히 제한적이었기 때문에 가격이 안정된 것은 아니었다. 또한 렌즈는 경주 등에서 채굴되는 수정을 더 선호하고 있었다. 제조기술까지 발달된 안경은 더욱 더 고가의 물건이 될 수밖에 없었다.

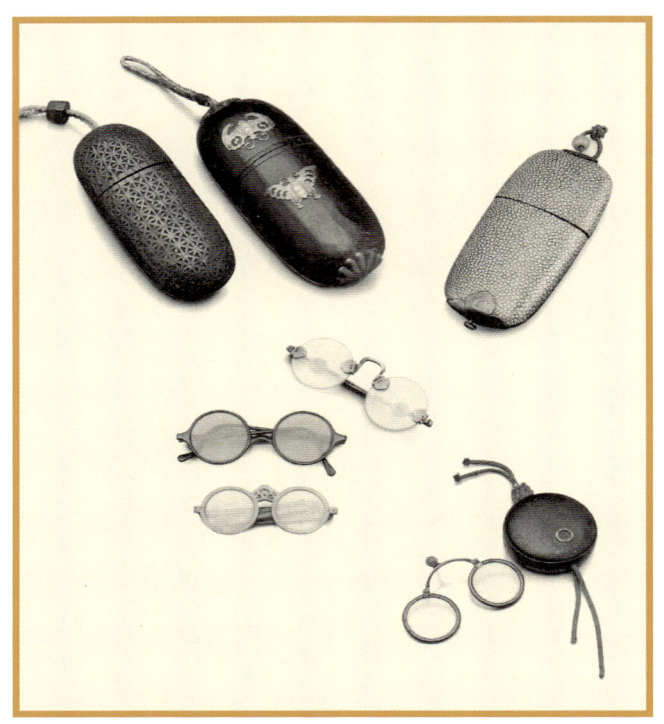

안경과 안경집 구갑(龜甲) 안경집과 안경들　국립민속박물관 소장

　영조 때 발전하기 시작한 안경은 노안이 온 정조는 물론 그 후 심한 근시였던 순종도 착용했다. 하지만 16세기 말에 전래된 안경이 무려 2백 년이란 세월이 흐른 뒤에야 민간에 퍼진 것처럼 인식의 벽은 결코 만만한 것이 아니었다.

　안경을 착용하는 데에도 까다로운 예법이 적용되었다. '여러 사람들이 모인 장소에서는 안경을 착용하지 못한다', '자신보다 지위가 높거나 연장자 앞일 경우에도 착용하지 못한다' 등 여러 제약이 따랐다. 그런데 사실 안경이 워낙 귀하고 고가였기 때문이기도 했다. 그래서 신분이 낮거나 젊은 사람들은 함부로 안경을 착용하지 못했고, 그것을 어기면 커다란 무례를 범하는 것으로 인식했다.

그런데 본격적으로 안경의 발전이 움트던 영조 때 한 가지 아이러니한 일이 있었다. 안경을 모를 리 없는 영조가 망원경에 대해서는 긍정적인 반응을 보이지 않았다는 것이다. 영의정 김재로가 관상감에서 연경(燕京)으로부터 무역해온 여러 물건들과 천리경(망원경)에 대해 언급할 때이다. 다른 물건들은 처리가 되었는데 천리경과 측후기 등은 쓸 곳이 있는데도 보관된 그대로라고 하자 영조가 말했다.

이른바 규일영(窺日影, 천리경)이란 것이 비록 일식(日食)을 살피는데 유효는 하나 곧바로 햇빛을 보는 것은 본디 아름다운 일이 아니다. 채경(蔡京)은 해를 보고도 눈을 깜박거리지 않아 그가 소인(小人)임을 알았다. 그래서 좋지 못한 무리들이 하늘을 엿보는 것이므로 이미 규일영을 깨버리라고 명을 내렸다.

안경 착용에 대한 까다로운 예법과 그에 따른 정서는 대한제국 때도 마찬가지였다.

1898년 궁궐에서 열린 잔치에 참석한 이토 히로부미의 안경이 감쪽같이 사라진 사건이 있었다. 잔치 도중에 잠깐 벗어둔 안경이 없어진 것인데 결국 여러 궁인들이 옥에 갇히는 결과를 초래했다. 이는 안경을 끼고 함부로 고종 앞에 나서던 이토 히로부미에 대한 반감으로 발생한 사건이기도 했다.

순종은 평소 시력이 좋지 않았지만 고종의 빈소를 지킬 때는 안경을 쓰지 않았다. 또한 안경을 쓴 조문객이 오면 일부러 등을 보인 채 외면했다는 말도 전해진다.

그 후 우리나라에 한국 사람이 경영하는 최초의 안경점이 생긴 것은 1920년대의 일이다. 종로에 있던 시계포를 겸한 동양당과 명안당으로 안경 전문점이라는 광고에 등장하기도 했다. 처음에는 안경을 잡화로 취급해 시계와 함께 진열해 놓았지만, 더 많은 사람들에게 보급될 수 있는 계기가 되었다. *

선죽교에 정몽주를 기리는
영조의 비석이 있다

고려 태조 1년(919) 왕건이 송도를 정비할 때 세운 것으로 추정되고 있는 것이 선죽교(善竹橋)이다.

북한의 개성시 선죽동에 있는데 폭 3.36m에 길이 8.35m인 화강석으로 된 다리다. 이곳에서 정몽주가 이방원의 부하 조영규에 의해 피살되기 전까지는 선지교(善地橋)라 불렸다. 그런데 정몽주가 죽던 날 밤 다리 옆에서 참대가 솟아나왔다고 해서 선죽교라는 이름이 붙여졌다고 한다.

그 후 영조 16년(1740) 선죽교를 지나던 영조가 정몽주의 절개를 기리는 글을 비석에 새겨 세우게 한 일이 있다.

　　도덕과 정충이 만고에 뻗어갈 것이니 (道德精忠亘萬古)

　　포은공의 곧은 절개는 태산처럼 높구나 (泰山高節圃隱公)

정몽주에 대한 영조의 생각은 변함이 없었다. 영조 21년(1745)에는

선죽교(善竹橋) 개성시 선죽동에 있는 고려시대 석교. 북한국보문화유물 159호

정몽주는 곧 우리나라에 있어 도덕의 종주인데 그에 따른 대우가 미흡했다고 지적하기도 했다. 그래서 전조의 충신을 그대로 두는 것은 도리에 어긋나는 일이니 예를 다하고 자손들을 특별히 채용하라는 명을 내렸다.

그 후 오랜 세월이 흘렀어도 이와 같은 영조의 생각은 같았다. 영조 46년(1770) 주강에 참석해 대신과 비국당상(비변사의 당상관)을 인견한 자리에서 좌의정 한익모가 진언했을 때의 일이다.

한익모는 정몽주의 자손들을 특별 채용하라는 명이 그동안 계속되었는데 잘 이루어지지 않았다고 보고했다. 정몽주의 손자 하나가 임기가 차서 산관(정해진 일이 없는 벼슬)이 되어 있는데, 다시 기용하는 은전을 베풀어야 한다는 것이었다. 그러자 영조는 지시를 내렸다.

진작에 채용하라고 명했는데 어찌하여 그처럼 지체하고 있는가? 특별히
6품의 계로 승진하게 해서 등용하라.

이와 같은 정몽주에 대한 영조의 존경심은 정조 때 선죽교에 변화가
생기는 계기가 되었다.

고려시대의 다리에는 돌난간이 없었는데 정조 4년(1780) 정몽주의
후손들이 난간을 설치해 지금의 모습이 되었다. ✱

영감이라 불러도 화내지 않았던 광해군

광해군은 늙어 죽을 때까지 아무런 항거조차 하지 않은 채 유배지 제주도에서 살다가 생을 마쳤다. 반면에 그의 아들은 탈출을 시도하다 발각이 되어 결국 죽음을 맞고 말았다.

두 사람에게 똑 같이 처해진 유형인데 왜 감당해야 하는 무게는 달랐을까?

광해군과 그의 아내 유씨 그리고 폐세자 부부가 유배당한 곳은 강화도였다. 한양에서 멀지 않은 강화도에 유배시킨 것은 감시하기에 용이했기 때문이다. 그리고 그들을 한 곳에 머물게 하지 않고 광해군 부부는 강화도 동문 쪽에 그리고 폐세자 부부는 서문 쪽에 각각 위리안치시켰다.

위리안치는 가시나무 등으로 담장까지 친 처소 안에서만 살게 하는 것으로 자유마저 통제하였다. 광해군은 세상이 다시 뒤바뀌거나 인조의 마음이 변할지 모른다는 기대감 탓이었는지 묵묵히 현실을 받아들

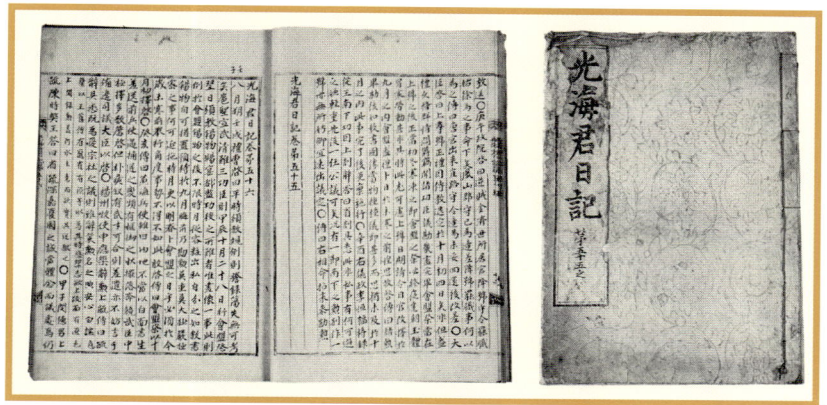

광해군일기 실록과 같은 체제로 기록되고 편찬됨.

였다.

하지만 20대 중반이었던 그의 아들은 두 달 뒤 폐세자빈과 함께 탈출을 시도했다. 가시울타리 밑을 파헤쳐 밖으로 나가려고 했는데, 그만 군졸들에게 발각되자 스스로 목숨을 끊고 말았다. 광해군의 아내 유씨 역시 그 충격으로 자리에 누웠고 화병까지 겹쳐 1년 후에 생을 마감했다.

하지만 혼자 살아남은 광해군은 그 후 18년 동안 몇 번의 죽을 고비를 넘기고 유배지를 옮겨가면서도 목숨을 이어갔다.

원한에 사무쳐 있던 인목대비 김씨가 계속 죽이려고 기회를 넘보았고, 인조의 추종세력 역시 광해군을 살해하려는 시도를 거두지 않았다. 광해군은 강화도에서 잠시 태안으로 이배되었다가 돌아오고, 인근의 교동으로 옮겨가기도 하며 목숨을 부지했다.

하지만 병자호란이 터진 다음 해 먼 제주도로 역사에 밀리듯 옮겨갈 수밖에 없었다.

제주도에 도착한 광해군은 역시 주성 망경루 서쪽에 위리안치 되었다. 결국 아름다운 제주도의 풍경과는 먼 울타리 속에 다시 갇혀 여생을 보냈다.

처음에는 광분하던 광해군도 차츰 세월이 가면서 초연한 자세를 보였다고 전해진다. 자신을 감시하며 데리고 다니는 별장보다 비좁은 아랫방에서 지내면서도 불만을 드러내지 않았다. 또한 심부름하는 나인이 함부로 영감이라고 불러도 전혀 화를 내지 않았다.

광해군은 제주도에서의 4년을 포함해 유배생활 18년 만인 인조 19년(1641) 7월 1일 67세의 일기로 눈을 감았다. 광해군이 치욕의 세월을 감당하면서까지 유배생활을 견디고 자결이나 탈출조차 꿈꾸지 않고 살았던 이유는 무엇이었을까?

왜 유배지에서도 자신보다는 굶주림과 핍박으로 고생하는 백성들을 생각하는 시를 남긴 정약용과 같은 정신을 한번이라도 품지 못했을까. 비록 협소한 주막에 거주했지만 비교적 행동이 자유로웠던 정약용과는 달리 광해군은 위리안치 된 신세였기에 자신의 신세만을 바라볼 수밖에 없었을지도 모른다. ✻

장수한 영조보다 더 오래 산 효령대군

조선시대 사람들의 평균 수명은 대략 24세이다.

그러나 1900년대 초기의 통계나 그때까지의 문헌 등을 통해 추측된 것이지 정확한 수치는 아니다.

다만 역대 임금들의 평균수명은 그나마 비교적 정확한 것이라 할 수 있다. 전체 27명의 임금들 평균수명은 47세로 일반 백성들보다는 오래 살았을 것으로 추측된다. 영조의 경우는 83세로 가장 장수를 했고, 단종은 불과 17세의 나이로 단명한 임금이었다.

그런데 누구보다 정신적인 스트레스가 심했을 임금들이 비교적 오래 살 수 있었던 요인은 무엇이었을까?

일반 백성들보다 의술의 도움을 많이 받았고 먹을거리에서도 차이가 있었기 때문일 것이다. 또한 수많은 궁녀들을 거느린 채 술과 여색으로 나름대로 몸과 마음을 달랠 수 있는 시간도 상대적으로 많았다. 물론 이와 같은 조건들 때문에 성인병과 각종 질병에 시달렸을지도 모른다. 그

효령대군 영정

효령대군(1396~1486)은 태종의 차남이며 세종의 형.
효령대군은 세종이 즉위한 후에 관악사로 불리던 연
주암에 머물며 수행함. 효령대군 영정은 관악산 연주
암에 보관되다가 현재 효령각에 안치됨

래서 오히려 제 명을 채우지 못한 채 세상을 떠난 경우도 없지 않았다.

그런데 임금은 아니지만 왕족으로 무려 91세까지 장수한 사람이 있었다. 바로 태종의 둘째 아들이자 세종의 형인 효령대군 이보(李補)이다. 효령대군은 어릴 때부터 성품이 온순하고 권력욕마저 없었던 인물로 알려져 있다. 부모에 대한 효성이 지극하고 양녕대군을 비롯한 여러 형제들과의 우애도 남달랐다. 그런 성품과 형제애 때문이었는지 효령대군은 세종, 문종, 단종, 세조, 예종, 성종 등 무려 여섯 명의 임금에게 존경과 예우를 받으며 91세까지 장수할 수 있었다.

태종은 세자인 양녕대군이 늘 문제를 일으켜 하루도 마음 편할 날이 없었다. 그런데 그의 마음속에 자리 잡기 시작한 것은 효령대군이 아닌 충녕대군(훗날 세종)이었다.

태종 18년(1418) 양녕대군의 폐위를 결정한 태종은 자신의 그런 심기를 드러냈다.

효령대군은 자질이 미약하고 또 성질이 심히 곧아서 세심하게 일을 처리하지 못한다. 내 말을 들으면 그저 빙긋이 웃기만 해서 나와 중궁은 효령이 항상 웃는 것만을 보아왔다. 충녕은 비록 술을 잘 마시지 못하나 적당히 마시고 그친다. 또 그 아들 가운데 장대한 놈이 있다. 그러나 효령대군은 술을 한 모금도 마시지 못하니 이것도 또한 불가하다. 충녕대군이 대위를 맡을 만하니 나는 충녕을 세자로 정하겠다.

온순하고 효성과 형제애가 지극한 효령대군이었지만 태종에게는 나약하게만 비쳤다. 그래서 태종은 평소 지혜롭고 현명하다고 여겼던 충녕대군을 세자로 정할 수밖에 없었다.

그 후 효령대군은 더욱 권력에 대한 미련을 접고 불도에 심취하게 되었다. 회암사를 중수하고 원각사 창건 때는 조성도감 도제조(도감 총책임자)로서 심혈을 기울이는 모습도 보였다. 그러면서 여러 임금이 왕위를 이어가는 동안 크고 작은 일이 생길 때마다 충언을 아끼지 않았으며, 늘 뒷전에서 도움을 주는 역할을 했다.

그 때문에 효령대군은 무려 여섯 임금에게 존경과 예우를 받으며 살다가 성종 17년(1486) 5월 11일 91세의 일기로 눈을 감았다. 효령대군은 83세로 장수를 누린 영조보다 무려 8년을 더 산 셈이다. 한편 양녕대군은 세조 8년(1462) 69세로, 세종은 1450년 54세로 생을 마감했다.

효령대군이 큰 탈 없이 무병장수할 수 있었던 것은 권력에 대한 욕심을 버린 채 살았기 때문일 것이다. 또한 술 한 모금 입에 대지 않고 항상 웃는 얼굴로 물 흐르듯 평생 수도하는 마음으로 지냈기에 가능하지 않았을까. *

이름을 목숨처럼 여겼다

이름을 소중하게 여겨 목숨과도 맞바꿀 수 있다는 정신을 가르쳤던 것이 명교(名敎)이다.

벼슬에 올라 관청에 첫 부임을 하면 선임자들이 신참례(新參禮)라는 신고식을 핑계 삼아 온갖 방법으로 괴롭히고 모욕을 주었다. 미친 여자의 오줌을 받아 신참의 얼굴에 바르고 성기에 먹칠을 하기도 했다. 심지어 발뒤꿈치에 강제로 편자를 박다가 사람을 죽게 만들기도 했다.

그런데 가장 참기 힘든 것은 자신은 물론 아버지와 조상들의 이름을 쓴 종이를 태운 뒤 그 재를 물에 타서 먹게 하는 일이었다. 선비들에게 있어서 이름을 들먹여 훼손한다는 것은, 곧 목숨과 바꿀 수 있는 최대의 모독이었다.

관료들이 부정과 부패를 저지르면 팽형(烹刑)이라는 형벌로 다스렸다. 원래는 물이 끓고 있는 가마솥에 죄인을 넣고 삶아서 죽이는 잔인한 형벌이다. 하지만 조선시대 후기에는 종로의 종각 앞 사거리에 커다란 가마솥을 걸어놓고 죄인 대신 그의 이름을 적은 목패를 넣고 삶았다. 이름으로 대신한 것만으로도 당사자에게는 엄청난 수모였는데, 그날로 형식적이지만 장례까지 치러야 했다.

이름이 죽는 순간 모든 권리를 박탈당한 채 평생 죽은 듯 살아야했던 것이다. 신체에 가해지는 것보다 불명예를 떠안는 정신적 고통을 더 큰 형벌로 여겼다.

불명예는 곧 선비로서의 생명이 끝난 것이나 마찬가지로 생각했던 정신의 명교. 현재는 찾아볼 수 없어 더욱 아쉬운 우리의 소중한 기둥 가운데 하나임에는 분명하다. ✲

아이들을 극진히 사랑한 임금들

동심을 어루만진 태종

태종 13년(1413) 혜정교(현 세종로 동아일보 앞) 근처에서 아이들이 격구놀이를 하면서 공마다 이름을 지어 동요처럼 부르던 일이 문제가 된 적이 있었다.

아이들은 각각의 공을 주상, 효령군, 충녕군, 반인(伴人, 수행원)이라 부르며 놀았는데, 공 하나가 다리 밑으로 굴러 떨어지자 한 아이가 "효령군이 물에 빠졌다!"라고 한 것이 발단이었다.

마침 그 자리에 있던 효령군의 유모가 그 아이를 붙잡아 효령군의 장인인 대사헌 정역에게 데려갔다.

그런데 정역이 형조에 이 일을 고하는 바람에 아이는 옥에 갇힌 채 조사를 받게 되었다. 그 결과 곽금이란 자가 제창하여 장난하듯 부르게 한 지 이미 3일이 되었다는 사실이 드러났다.

형조로부터 사건의 전모를 보고받은 태종은 다음과 같이 지시를 내렸다.

그 아이들은 모두 10세에 불과하니 인심을 흉흉하게 만드는 요사스러운 말을 조작한 것으로 보기에 불가하며, 또 동요라고 볼 수도 없다. 비록 그것이 동요라고 해도 또한 무죄이다. 다만 동요의 율은 즉시 승정원으로 하여금 불태우게 하고 다시는 이 일을 거론하지 말게 하라.

미아를 돌보았던 세종

태종의 아이에 대한 넓은 이해와 사랑을 아들인 세종도 이어받아 실천하였다.

조선시대 전기에도 미아들이 많았는데, 특히 인구밀도가 높은 한양의 경우 어린아이가 집을 나서 한두 골목만 지나쳐도 길을 잃을 정도였다. 아이를 잘 알고 있는 이웃 사람들이 발견하면 다행이었지만 그러지 못한 경우도 더러 있었다.

더욱 심각한 것은 누군가 아이를 몰래 데려가 키우기까지 했다는 점이다. 아이가 어느 정도 자라면 노비로 삼기 위해서였는데, 기록에도 남아있는 것으로 봐서 적지 않은 사회문제가 되었던 것 같다.

세종이 즉위한 해(1418) 미아들에 관한 문제를 한성부에서 보고한 적이 있었다.

세종대왕 동상
서울 광화문 광장의 세종대왕동상. 한글 반포 563돌을 기념하는 한글날인
2009년 10월 9일 그 모습을 드러냈다.

지금부터는 길을 잃은 어린아이는 모두 제생원(濟生院)으로 보내 호조에서 양식을 대주고 기르도록 해야 합니다. 또한 자식을 잃은 부모는 제생원에 가서 찾을 수 있도록 하고, 이때 관에서는 그 부모로부터 저화(楮貨) 30장을 받아 어린아이를 발견해 신고한 자에게 주도록 하는 것이 옳은 줄 압니다. 그리고 만일 숨겨둔 채 신고하지 않는 자가 있으면 해당 관리와 그 동네 다섯 집을 함께 논죄하도록 하는 것이 좋겠습니다.

세종은 그대로 시행할 것을 명했다. 제생원(현 종로구 계동에 위치)은 원래 태조 6년(1397) 조준의 건의로 지방의 약재를 모아 혜민국처럼 가난한 백성들의 질병을 구제하기 위해 설치되었다.

비록 조선시대 전기 한양의 중심부인 종로에서 있었던 일화지만, 두 임금의 행동을 봤을 때 아이에 대한 관심은 전국에 미쳤을 것이라 짐작할 수 있다.

세종은 그 후로도 아이에 대한 관심과 사랑을 보였다. 특히 아이를 함부로 거리에 버리는 자는 부모가 고의로 자식을 죽인 죄와 똑같이 취급해 처벌하라는 명을 내렸다. 장형 70대와 도형 1년에 해당되었는데, 반면에 고발을 한 사람에게는 상으로 베 12필을 내렸다. ✷

청렴한 관리가 있던 나라

조선시대 관료사회에서는 네 가지 해서는 안 되는 것과, 세 가지 거절해야 할 일들이 있었다.

관리들의 청렴도를 가름하는 기준이 되는 것으로, 이를 사불삼거(四不三拒)라고 했다.

재임도중 부업을 가져서는 안 된다는 것이 사불(四不) 가운데 일불(一不)이다.

영조 때 호조의 서리로 있던 김수팽이 어느 날 선혜청 서리로 있는 동생의 집에 들렀을 때의 일이다. 마당에 즐비한 항아리마다 염색액이 넘쳐나고 있어 김수팽이 무엇에 쓰는 것이냐고 물었다. 동생이 아내가 염색일로 생계를 돕고 있다고 하자 김수팽은 대노하여 옆에 있던 몽둥이를 집어 들었다.

"형제끼리 함께 나라에서 녹봉을 먹고 있는데 이런 부업까지 하면 가난한 백성들은 무엇으로 생업을 삼겠느냐?"

그는 동생을 몽둥이로 내리치더니 항아리들마저 모조리 깨버렸다.

땅을 사지 않는 것이 이불(二不)이다.

연산군 때 문관인 윤석보가 풍기 군수로 떠나자 그의 아내 혼자 가난한 고향집에 남겨졌다. 아내는 굶주림을 견디다 못해 시집올 때 입었던 비단옷을 팔아 채소밭을 조금 사서 일구었다. 그런데 이 소식을 알게 된 윤석보는 당장 사직서를 내고 고향으로 가서 땅을 물린 채 조정의 처분만을 기다렸다.

집을 넓히지 않는 것이 삼불(三不)이다.

현종 때 대제학을 지냈던 김유는 살고 있는 집이 하도 좁아 아들들이 처마 밑에서 지낼 정도였다. 그런데 그가 평안도 감사로 나가 있던 도중 장마로 처마가 무너졌는데, 보수를 하면서 원래보다 조금 더 길게 만들었다. 하지만 그 후 집으로 돌아온 김유가 그 사실을 알고 불같이 화를 내며 당장 잘라내게 했다.

그 지방의 명물을 먹지 않는 것이 사불(四不)이다.

단종이 폐위하자 자신도 벼슬을 버리고 낙향한 적이 있던 기건은 연안부사로 있을 때 그곳 명물인 붕어를 입에도 대지 않았다. 또 제주목사로 있을 때 역시 전복 한 점조차 먹지 않았다. 합천 군수 조오도 재임 중에 그곳 명물인 은어를 아예 쳐다보지도 않았다.

상전이나 세도가의 부당한 요구를 거절하는 것이 삼거(三拒) 가운데 일거(一拒)이다.

중종 때 청송 부사였던 정붕에게 영의정 성희안이 그곳 명산품인 청송 꿀과 잣을 보내달라고 부탁하였다. 그런데 정붕이 명산품 대신 '잣나무는 높은 산 위에 꿀은 민간의 벌통에 있는데 부사가 어떻게 얻을 수 있겠는가.' 라는 내용의 답신만을 보내왔다. 그러자 성희안은 깨달은 바가 있어 크게 반성하고 사과를 했다.

부탁은 들어주어도 답례는 거절하는 것이 이거(二拒)이다.

세조 때 사육신의 한 사람인 박팽년이 누군가를 관직에 추천한 일이 있었다. 그런데 그가 답례로 땅을 주자 박팽년은 땅을 찾아가든지 관직을 내놓든지 하라고 호통을 쳤다.

경조사 때 부조를 절대 받지 않는 것이 삼거(三拒)이다.

현종 때 우의정을 지냈던 김수항은 강한 소신으로 부조를 거부했던 인물이다. 어느 날 어린 아들이 죽게 되었는데 이 소식을 들은 충청병사 박진한이 무명 한 필을 부조로 보내왔다. 그러자 그는 이를 물리치며 아부를 하려는 것이 아니면 대신의 청렴을 시험해보려는 짓이라고 여겨 법대로 처리하려고 했다.

부정과 부패가 없는 사회는 없다.

그러나 믿었던 공직자나 정치가 혹은 지도자들이 끝내는 비리와 부도덕함에 고개를 숙이는 모습에서 큰 실망을 안게 된다. 사불삼거의 정신 가운데 한 가지 덕목만이라도 되새기고 있었더라면 하는 아쉬움도 든다. ✳

이성계의 활이 조선을 열었다

태조 이성계는 활을 잘 쏘기로 유명한 임금이었다. 이성계를 떠올릴 때 활에 대한 일화들이 유독 많은 것도 그 때문이다.

태조가 일찍이 한여름 냇물에서 목욕을 한 뒤 근처 큰 숲에 앉아 있는데 날담비 한 마리가 달려 나왔다. 태조가 급히 박두(나무 촉의 화살)를 뽑아 쏘자 맞아 쓰러졌다. 또 한 마리의 담비가 도망치기에 쇠살(쇠 촉의 화살)을 뽑아 쏘았더니 연이어 튀어나왔다. 태조가 20번을 쏘아 모두 쓰러뜨려 도망치는 놈 하나 없었으니 그 활쏘기의 신묘함이 대개 이와 같았다.

이성계가 앉은 상태에서도 연달아 화살을 빠르게 쏠 수 있었던 것은 작은 활을 사용했기 때문이다. 중국 활의 경우 전국시대에는 길이가 1.4m였고, 은나라 때는 1.65m가 되는 것도 있었다. 반면에 조선시대의 활은 고구려 때처럼 1m 남짓의 비교적 작은 것이었다. 그래서 앉은 상태는 물론 말을 타고 달리면서도 자유롭게 쏠 수가 있었다. 그런 장점이 알려져 고구려 때는 중국으로 수출까지 했었다.

일본의 활도 일자로 된 대나무를 조금 구부려 만든 형태로 긴 편이다. 강도나 사정거리에 있어서도 조선의 활에 미치지 못했다. 일본의 활이 긴 이유는 '3' 자가 아닌 단순한 ')' 의 모양을 하고 있었기 때문이다.

태조가 여러 손님들을 모아 술을 베풀며 즐기고 있을 때였다. 백 보 밖에는 수십 개의 배가 서로 포개지듯 매달린 배나무가 서 있었다. 손님들이 태조에게 활을 쏘기를 청했는데 한 번 화살을 날리자 배들이 모두 떨어졌다. 배를 가져와 손님에게 접대하니 모두들 탄복하면서 술잔을 들어 서로 하례했다.

조선시대의 활이 사정거리와 위력에서도 탁월했던 것은 각궁이었기 때문이다. 각궁이란 활의 기본이 되는 나무 또는 대나무에 양이나 물소의 뿔 그리고 소의 힘줄 등을 붙여 만든 것이다. 그래서 탄력이 뛰어나 사정거리와 위력에 있어서도 월등할 수밖에 없었다.

조선시대 무과시험의 보사(步射, 걷거나 뛰면서 활을 쏘는 종목) 최대사거리가 약 178m로 되어 있다. 물론 임진왜란 당시 일본의 조총 앞에서는 그다지 큰 위력을 발휘하지 못했다. 하지만 재장전을 위해 1분 이상이 걸리는 조총과 비교했을 때, 상황에 따라서는 어느 정도 제 역할을 해냈을 것으로 추측된다.

이성계의 활솜씨가 얼마나 뛰어났는지 잘 보여주는 일화가 또 있다.

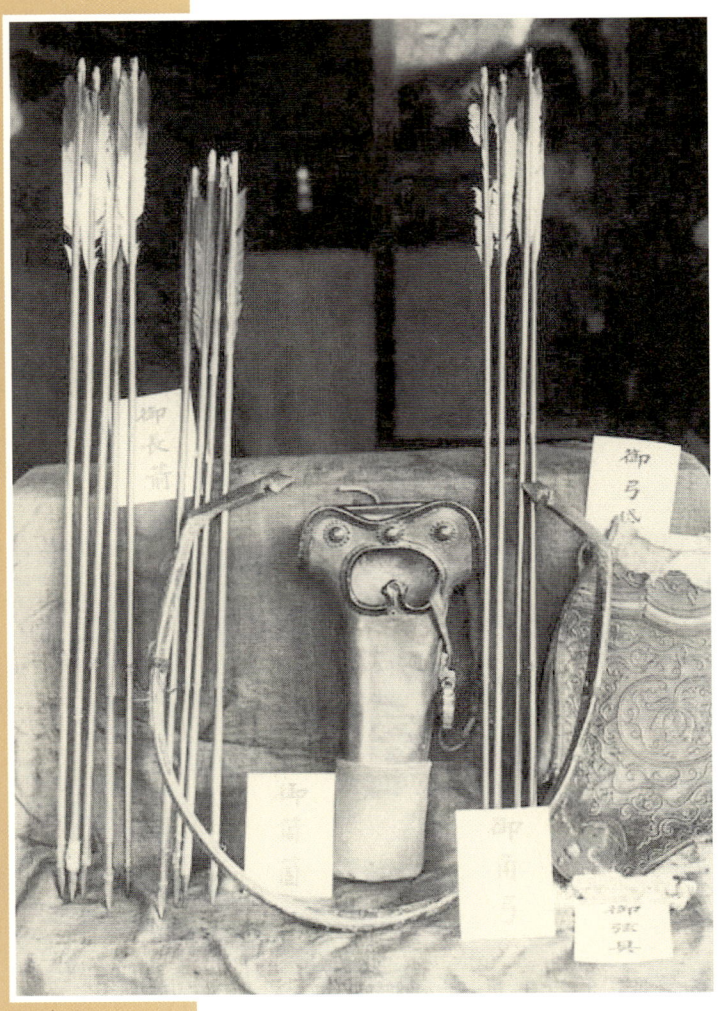

이성계의 활
태조 이성계의 활 장비. 함경남도 함흥에 소장 중

홍건적의 난 때 전공을 세운 바 있는 개국원종공신 우인열이 이성계를 알현할 때의 일이다. 두 사람이 서청에서 마주 앉아 있는데 마침 처마 끝으로 쥐 3마리가 모습을 보였다.

이성계가 활과 고두리살 3개를 가져오도록 지시했다. 고두리살은 주로 작은 새를 잡는 데 쓰이는 화살로 끝에 뾰족한 살촉 대신 대나무 등으로 고리처럼 만든 테를 가로로 끼워놓은 것이다. 이성계는 쥐를 맞혀서 떨어뜨리게 할뿐 죽이거나 상처를 입히지 않겠다고 장담했다.

이성계가 곧 화살을 쏘았는데, 정말 바닥에 떨어진 쥐는 상처 하나 없이 일어나더니 곧 달아났다. 이성계는 나머지 두 마리도 같은 방법으로 떨어뜨려 쫓아냈다.

이성계의 남다른 활솜씨는 고려시대 후기 일본을 격퇴하고 나라를 지켜낸 영웅이 될 수 있었던 이유이기도 했다. 또한 이와 같은 저력에 힘입어 그는 조선이라는 새 왕조를 열 수 있었다.

이수광의 『지봉유설』에는 중국의 창이나 일본의 칼에 능히 맞설 수 있는 무기가 조선의 활이라고 나와 있다. 또한 중국 사람들이 조선을 따라올 수 없는 네 가지 이유 가운데 활을 쏘는 실력도 포함되어 있었다. ✳

역사를 지고 온 지게

지고 가지 못 해도 먹고는 갈 수 있다는 게 술 한 말이라고 한다.

하지만 지게가 발달되었던 조선시대에는 얼마든지 주막에서 한잔 하고 집에까지 지고 가서 또 마실 수 있었을 것이다.

우리나라에 지게가 처음 등장한 것은 언제였을까? 17세기 말 『역어유해』에 처음 지게가 등장하는 것으로 봐서 최소한 3백년 이상 된 것이라는 추측만 할 뿐이다. 지게의 출생연도는 정확하게 알 수 없지만, 조선시대를 대표하는 최고의 기구 가운데 하나라는 사실만은 부정할 수 없다.

지게는 디딜방아 중 양다리방아 그리고 무자위 중 발무자위와 함께 우리 민족의 최고 발명품이다.

양다리방아는 디딜방아의 하나로 발을 디딜 수 있는 한쪽 끝이 Y자로 되어 있어 두 사람 또는 그 이상이 마주 서서 찧을 수 있는 방아이다.

또한 수력이나 손의 힘으로 바퀴를 돌려 논에 물을 퍼 올리는 것이 무자위인데, 발무자위는 발로 발판을 밟아서 사용하는 것이다. 이와 같은 최고의 기구들과 어깨를 나란히 해온 것이 바로 지게이다.

일반적인 지게는 가지가 위로 뻗은 자연목 두 개가 기본 틀이 된다. 이 두 나무를 위는 좁고 아래는 벌어지게 세운 채 사이에 서너 개의 세장을 끼우게 된다. 그리고 탕개로 고정시킨 뒤 위 아래로 멜빵을 걸어 어깨에 메면 되는 형식이다. 또한 등과 맞닿는 부분에는 짚으로 두툼하게 짠 등태라는 것을 달아놓는다. 지게를 세울 때는 끝이 조금 갈라진 작대기를 세장에 걸어두면 된다.

지게의 모양이나 크기 등은 지형과 사람의 체형에 따라 다르고 제작 방법에 있어서도 차이가 있다. 지게의 길이는 사람의 키에 맞추는 것이 기본이다. 한편 평야지대의 지게는 거칠 것이 없어 비교적 긴 편이다. 반면에 산간지대에서는 협소하고 가파른 길에다 나뭇가지, 돌, 나무뿌리 등 거치적거리고 걸려 넘어질 요소들이 많아 짧은 지게가 발달되었다.

아손 그렙스트는 '조선인들이 무거운 짐들을 등에 지고 쉽게 운반하는 기술은 수천 년의 경험이 어려 있다'고 말한 바 있다. 그는 1904년 러·일 전쟁을 취재하기 위해 일본에 왔다가 조선으로 밀입국한 스웨덴 출신의 기자였다.

그는 지게를 잘 다루는 조선 사람들을 세계에서 가장 운반력이 뛰어난 중국인과 폴리네시아인들보다 월등하다고 감탄했다.

지게는 이상적으로 고안된 것으로 엉덩이와 등 그리고 어깨에 무게를 골고루 전달해준다. 그래서 무거운 짐도 쉽게 운반할 수 있으며 조선인

지게 짐을 지고 가는 조선시대 상인의 모습

을 제외하고는 이런 방법을 착안한 민족이 없다. 다른 나라는 어깨 위에 걸친 막대의 양쪽에 짐을 얹고 중심을 맞추지만 한계가 있다. 왜냐하면 짐을 두 개로 나눌 수 없는 경우 중심을 맞추기 위해 다른 한쪽에 그만 한 무게의 같은 짐을 달아야하기 때문이다. 하지만 지게는 그럴 필요가 없고 땅에 내려놓을 때도 막대기로 버텨놓은 채 달려있는 새끼줄로 짐을 고정시킬 수도 있다.

조선시대에 지게가 발달할 수 있었던 것은 도로 사정이 좋지 못했기 때문이라는 견해도 덧붙는다. 열악한 환경 탓에 지게가 발달되었는데, 이는 더욱 도로 사정을 악화시키기는 악순환의 요인이 되었다.

하지만 지게와 함께 수레의 발달도 함께 이루어졌다는 사실을 놓고 보면 큰 설득력은 없다.

우리의 지게는 우수성이 인정되어 일본으로 건너가기도 했다. 대마도를 비롯한 일부 지역에서 지게를 시케이 또는 지케이라 부른다는 점을 상기한다면, 적어도 후퇴보다는 발전을 꾀한 기구였다는 사실이 명백하다. ✽

세상에서 하나밖에 없는 큰 글 한글

한글이 '한글'이라는 제 이름을 찾지 못한 채 언서, 국서, 암클, 아햇글, 가갸글 또는 조선글이란 명칭을 달고 미아처럼 떠돌던 시절이 있었다.

언어학에 조예가 깊었던 세종은 세종 25년(1443) 새로운 28개 글자를 완성한 뒤 훈민정음이라는 한자 이름으로 반포했다. 이는 백성을 가르치는 바른 소리라는 뜻이었는데, 집현전 부제학 최만리 등이 반대하는 상소를 올리는 등 반발이 있었다.

훈민정음을 반대하는 문신들 대부분은 소위 맹자 왈 공자 왈을 통해 과거에 합격한 뒤 조정에서 실권을 행사하고 있던 사람들이었다. 어릴 때부터 심혈을 기울여 익혀온 한문에 대한 애정과 새로운 문자에 대한 생경함이 클 수밖에 없었다. 또한 일반 백성들까지 글을 사용할 줄 알게 되면 양반들과 한 가지 면에서는 같아진다는 탐탁지 않은 생각도 가지고 있었다.

그러나 세종은 오히려 한글이 백성들에게 널리 쓰일 수 있도록 노력을 기울였다. 그 가운데 하나가 인사담당 관리를 선발할 때 시험에 한글을 사용하도록 한 것이다. 또한 서리에게도 한글을 사용할 것을 전교했다.

하지만 한글의 쓰임새는 크게 확산되지 못한 채 처음에는 한문으로 된 시와 노래 등을 번역하는 것에 그쳤다. 그러다 겨우 이름을 갖게 되었는데 역시 언문(諺文)이라는 한자 이름이었다. 언문은 속되거나 상스러운 말이라는 뜻으로 사실 부끄러운 일이 아닐 수 없다.

그러나 한글의 발전은 궁궐의 여인들에 의해 시작되었다. 그녀들은 언문을 익혀 내간이라는 편지를 쓰며 흥미를 가졌고, 왕비 역시 궁녀들과 외명부에 지시를 하거나 연락하는 방법으로 언문교지를 내렸다. 그러자 차츰 일반 백성들 사이로 널리 퍼지며 환영받게 되었다. 특히 나라에 큰 일이 생겼을 때 한글로 된 격문을 이용하자 백성들이 쉽게 알아보고 대처할 수 있다는 긍정적인 면도 한몫을 했다.

세종 27년(1445)에는 정인지 등이 언문으로 된 『용비어천가』와 석가모니의 일대기를 엮은 수양대군의 『석보상절』 등을 펴내는 작업을 했다. 언문을 이용한 책들이 하나 둘 간행되자 더욱 널리 보급될 수 있는 기회가 마련되었다. 한글을 반대하고 못마땅한 시각으로 바라보던 문신들마저 생각을 바꾸고 새로운 문자를 익힐 수밖에 없었다.

그러나 세조 때 집현전이 없어지는 등의 이유로 한글은 다시 방황의 길에 놓일 수밖에 없었다. 세조는 위태로운 한글의 운명을 깨닫고 불경을 한글로 번역해서 간행하는 사업을 위해 간경도감을 설치하였다. 하지만 숭유억불정책을 고수하고 있던 조선시대 이념에 위배되는 것이어서 사대주의 유학자들의 반발을 사는 결과를 초래했다.

그 후 중종 22년(1527) 어학자 최세진이 지은 한자 학습서 『훈몽자회』

에서 반절(反切)이라는 이름을 썼다. 하지만 反은 결국 半을 가리키는 것으로 절반이라는 뜻에 지나지 않았다. 고종 31년(1894) 갑오개혁 때 국문(國文)이라고 바뀌었지만, 이마저도 한 나라의 글이라는 단순한 뜻만 내포돼 있을 뿐이었다.

한글이라는 이름을 갖게 된 것은 주시경의 몫이었다. 그는 오랜 방황을 어루만져주듯 세상에서 하나밖에 없는 큰 글이라는 의미를 부여해 주었다. 백성을 가르치기 위해 만들어졌던 바른 소리는 비로소 위대하고 하나밖에 없는 큰 글, 즉 한글이라는 제 이름을 갖게 된 것이다.

한글이 한글이란 이름을 찾고, 유네스코가 세계 문화유산으로 선정하기까지 5백년 남짓 걸린 셈이다. ✻

임금들의 묘호 짓기는 조심스러웠다

선조, 영조, 정조, 순조는 원래 선종, 영종, 정종, 순종이었다.

묘호에 있어서 종보다는 조를 우월하다고 인정했기 때문에 훗날 수정된 것이다.

묘호는 중국에서 시작된 것으로 임금이 죽은 뒤 종묘에 신위를 모실 때 결정되는 호칭이다. 이때 묘호를 위패에 적게 되는데 다른 임금들과 중복되지 않도록 새로 짓는 것이 원칙이다.

묘호의 첫 글자는 임금의 치세기간 동안의 업적에 따라 결정되며, 끝자는 종과 조 가운데서 선택하게 된다. 묘호는 임금이 살아생전에 들을 수 없는 호칭인 셈이다.

새 왕조의 창업에 공을 세운 임금에게는 조라는 칭호를 썼다. 고려의 왕건과 조선의 이성계를 태조라고 하는 것이 그 좋은 예다. 종의 경우는 왕의 정통성을 이어받은 임금일 경우에 썼다.

태조 1년(1392) 황조실(皇祖室) 책호문에 기록된 내용이다.

공이 있는 왕은 조(祖)로 하고 덕이 있는 왕은 종(宗)으로 하니, 효도는 어버이를 높이는 것보다 큰 것이 없습니다. 또한 시호(諡號)로써 이름을 바꾸게 되니 예의는 마땅히 왕으로 추존함을 우선해야 될 것입니다.

위기에 처한 나라를 구하거나 이에 버금가는 치적을 남긴 임금에게도 조라는 칭호를 썼다. 그래서 처음에 종이었다가 훗날 조의 칭호를 받은 임금들이 탄생하게 된 것이다.

임진왜란을 겪은 선조와 인조반정을 통해 왕위에 오른 인조 그리고 홍경래의 난을 치른 순조 등이 훗날 조의 칭호를 얻게 된 임금들이다. 반면에 세조는 전쟁이나 반정 혹은 어떤 국난도 겪지 않았는데, 조의 칭호를 받았다며 논란의 대상이 되었었다. 세조의 경우 사육신의 일이나 호족 이시애가 일으킨 난 등을 수습하고, 왕실과 조정을 공고히 했다는 치적이 인정되어 조의 묘호를 받았다.

반정을 통해 왕위에 올랐지만 조가 아닌 종의 묘호를 받은 임금도 있는데 바로 중종이다.

"선왕(중종)은 난국을 바로 세우기 위해 반정을 한 공이 인정되기에 조라 칭하는 것이 옳다."

인조는 중종이 세상을 떠난 뒤 이와 같은 교서를 내렸지만 예관이 반대의견을 제시했다.

"선왕께서 나라를 중흥시킨 공적은 있지만 성종의 직계로 왕위를 계승했으니 종으로 하는 것이 옳은 줄 압니다."

결국 인조도 이 의견을 받아들여 중종으로 묘호를 사용하게 되었다.

반면에 종과 조와는 전혀 별개의 뜻으로 군(君)의 칭호를 받은 임금들

신위봉안도 종묘 영녕전(永寧殿)의 신위봉안도. 조선 역대 왕들의 신위가 봉안되어 있다.

이 있다. 왕위에 있는 기간을 아예 인정하지 않을 만큼 폭군이거나 어리석고 무능한 혼군(昏君)일 경우에 해당된다.

그 대표적인 임금이 노산군, 연산군, 광해군이다. 노산군은 숙부 수양대군에 의해 왕위에서 쫓겨나 죽임까지 당했는데, 숙종 때에 와서야 단종이라는 묘호를 받을 수 있었다. 폭정을 일삼았던 대표적인 임금이 연산군이라 그 역시 묘호가 아닌 군의 칭호를 받을 수밖에 없었다. 한편 광해군의 경우는 임진왜란 때 의병을 모집하는 등 나름대로 성과 있는 치적을 세자 시절부터 쌓았지만 당파싸움에 휩쓸려 패군이 된 경우로 볼 수 있다. 더군다나 인조반정을 정당화하기 위한 명분으로 혼군이라는 불명예까지 떠안을 수밖에 없었다.

조선시대 임금들은 죽기 전에 자신의 묘호에 대해 한번쯤은 짐작해보고 나름대로 기대도 했을지 모른다. 자신의 묘호를 위해 살아생전 뚜렷

한 치적을 남기려고 노력했다면, 어느 면에서는 긍정적인 부분으로 해석될 수도 있을 것이다.

중간평가가 아닌 사후평가를 받아야 했던 것이 조선시대 임금들이었다. 그래서 풍요와 절대 권력을 누리면서도 한편으로는 늘 긴장을 하며 끊임없이 노력해야 하는 삶을 살았다. ✻

조선 중심의 세계지도를 만들다

조선을 중심으로 그려진 현존하는 동양 최고(最古)의 세계지도가 혼일강리역대국도지도(混一疆理歷代國都之圖)이다.

태종 2년(1402) 김사형, 이무, 이회 등이 참여해 완성한 것으로, 비슷한 연대에 제작된 동서양의 다른 나라 지도와 비교했을 때 가장 뛰어나다는 평가를 받고 있다.

중국의 성교광피도(聖敎廣被圖)와 혼일강리도(混一疆理圖)를 기초로 삼아 우리나라와 일본을 추가하여 완성한 것이다. 지명과 하천 등은 성교광피도를, 수도와 주요 도시 등은 혼일강리도를 기본으로 했다. 일본의 표기는 사신 박돈지가 가져온 일본도와 이회의 팔도지도를 참고하여 첨가한 것으로 추정되고 있다. 가로 164cm, 세로 148cm인 대형 지도로 조선시대 전기의 우리나라 세계관을 엿볼 수 있는 훌륭한 자료이다.

지도 아래에 '천하가 워낙 넓고 광활해 중국에서 먼 사해까지 거리를 짐작할 수조차 없기 때문에 만들었다'는 내용의 권근이 쓴 발문이 있다.

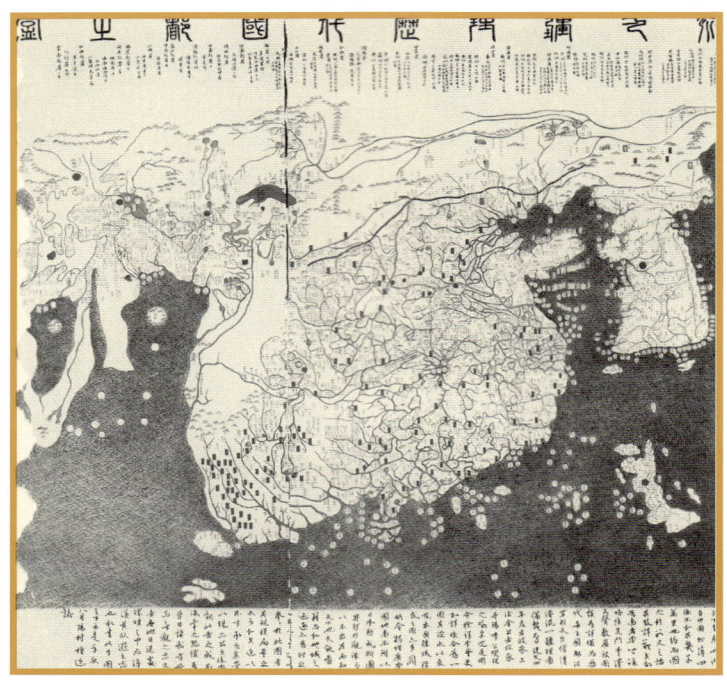

혼일강리역대국도지도
태종2년(1402) 김사형, 이무, 이회가 제작한 우리나라 최초의 세계지도. 중국이 지도의 중앙에 크게 그려져 있고 우리나라가 다음으로 크게 그려져 있다.

그래서 세계지도를 통해 직접 가지 않고도 알 수 있다면 나라를 통치하는데 큰 도움이 될 것이라고 보았다.

　그 당시로서는 정확한 지도였지만 현재와 비교했을 때는 정보와 지식 면에서 뒤떨어지는 것은 사실이다. 하지만 조선시대 전기에도 중국 이외의 다른 나라에 대한 인식이 강했고, 세계라는 개념을 갖고 있었다는 점만은 부정할 수 없다.

　우리나라를 중심으로 제작된 지도라서 중국과 함께 조선이 중앙에 가장 큰 자리를 차지하고 있다. 그러나 한반도의 형태가 현재의 지도와 매우 흡사하다는 점이 눈에 띈다. 지도의 중심이 되는 조선과 중국을 제외한 다른 나라에 대한 지리적 정보는 상대적으로 허술한 편이다. 특히 일본의 경우는 부정확한 위치가 많은데, 이는 중국에 비해 정보에 대한 수집이 충분하지 못했기 때문이다. 그래서 일본은 조선의 남쪽에 위치한 채 크기도 매우 작게 그려져 있다.

조선과 교역이 활발하지 않았던 필리핀, 태국, 말레이시아 등은 상대적으로 명확하게 표시되어 있다. 또한 유럽과 아프리카 지명이 수십 개 등장하는 것이 이색적이다. 지중해는 바다가 아닌 호수로, 사하라 사막은 황사로 표시되어 있는 점도 흥미롭다.

더욱 흥미로운 사실은 아라비아가 유독 크게 그려져 있다는 점이다. 태종 때는 이슬람교 승려들의 조선 방문이 잦은 편이었다. 또한 그 가운데 도로라는 승려가 귀화해 살기도 해서 상대적으로 아라비아에 대한 관심이 높아진 결과가 아니었을까.

비록 중국에서 만든 지도를 기본으로 삼아 제작된 것이지만 세계관을 반영한 조선시대 전기의 숨결이 담겨져 있는 것만은 사실이다. 조선시대 학자들에 의해 만들어진 최고의 세계지도이자 그 당시 세계지리학의 지식을 결집한 결과이다.

그 후 17세기 마테오리치의 곤여만국전도(坤輿萬國全圖)가 조선에 유입되기 전까지는 세계 최고이자 유일한 세계지도였다.

그러나 아쉽게도 원본은 국내에 전해지지 않고 모사본만이 규장각에 소장되어 있다. 필사본은 일본 교토의 류코쿠 대학 도서관에 소장되어 있는데 공개하지 않고 있다가 2000년부터 복원작업을 시작했다. 그리고 마침내 지난 2009년 복원된 지도를 처음 공개했다. ✽

연산군 1년(1495) 정괄, 구수영에게 내린 지시의 내용이다.

"내가 일찍이 검은 엿(?) 같은 것을 먹어 보니 매우 맛이 좋았다. 그것이 중원의 산물이니 경이 가서 사가지고 오라. 또한 거기에 드는 재료가 혹시 우리 나라에서 나는 것인데도 사람들이 알지 못하는 것은 아닌지, 또한 만드는 법은 어떤지 등도 자세히 알아 오라."

5

조선의 맛을 찾아서

신선로와 전골이 있던 따뜻한 밥상

연산군 4년(1498) 유자광을 중심으로 한 훈구파가 사림파들을 몰아냈던 무오사화 때 연루된 인물이 문신 정희량이다. 그가 사용한 화로에서 비롯된 것이 신선로라는 말이 있다.

1940년에 발간된 홍선표의 『조선요리학』에 따르면 '정희량이 관직을 내놓고 방랑생활을 하면서 밥을 지을 때면 가운데 숯불을 담을 수 있고 둘레에 음식을 놓을 수 있는 대접 모양의 그릇을 지니고 있으며, 이것으로 불을 피워 하루 두 끼만을 해결했다'고 전해진다.

그 후 그가 죽자 신선의 기풍이 있었던 사람이 사용한 것이라 해서 신선로라고 불렀고 궁궐에까지 전해졌다고 한다. 하지만 확실한 근거는 없고 다만 신선이 사용한 화로라는 뜻에서 나온 것은 유사하다.

신선로는 백탄을 사용해 그릇 자체로 요리할 수 있는 것인데, 상 위에 올려놓은 채 끓이며 먹게 되어있다. 손이 많이 가고 쓰이는 재료가 다양하며 호화스러워 대표적 궁중 요리로 알려져 있다. 입을 즐겁게 해주는 맛있는 음식이라는 의미로, 혹은 정희량의 것과 차별화하기 위해 열구자탕이라 불렀다고도 한다.

신선로는 주로 놋이나 백동으로 만들었는데 돌로 제작된 틀도 있었다. 여러 종류의 재료들을 그릇의 둘레에 넣고 조리한다는 점에서는 전골요리와 비슷하다. 다만 신선로는 가운데 숯불을 담는 통이 있어 이곳에 백탄을 피운 채 끓이게 되어있다. 그릇 하나로 조리도구와 식기의 역할을 해결한 조선시대 밥상의 지혜가 엿보인다.

전골은 모자에서 유래되었다는 설이 가장 많다. 1909년에 나온 장지연의 『만국사물기원역사』를 보면 '상고시대 군사들이 철로 만든 전립을 쓰고 다녔는데, 도구가 마땅치 않아 자신들이 쓴 철관을 벗어 음식을 끓여 먹던 것이 습관이 되었다'고 나와 있다. 그래서 그 후 일반 민가에서도 냄비를 전립 모양으로 만들어 고기와 채소 등을 넣고 끓여 먹는 것을 전골이라고 부르게 되었다는 것이다.

한편 한양의 세시풍습을 기록한 유득공의 『경도잡지』에서는 '냄비 가운데 전립투라는 것이 있는데 그 모양이 벙거지 같다고 하여 이러한 이름이 생겼다고 한다. 채소는 그 가운데 움푹하게 들어간 부분에다 넣어서 데치고 변두리의 편평한 곳에서 고기를 굽는데 술안주나 반찬에 모두 좋다'고 설명하고 있다.

전골은 냄비에 여러 가지 재료를 색 등의 조화를 생각해 담고 간이 된 육수를 부어 끓이는 것이다. 신선로와 다른 것은 자체적으로 조리를 할 수 없고 아래서 열을 가해야 한다는 점이다. 또한 신선로와는 달리 널찍하고 편평한 형태를 하고 있다. 그런데 전골 역시 즉석요리라는 점에서는 신선로와 유사한 면을 갖고 있다.

신선로

    식사를 할 때 전골 상을 따로 마련하는 경우도 있지만, 대부분 냄비를
그대로 밥상 위에 올려놓고 여럿이 즐기는 음식이 전골이다. 그런 면에
서 신선로와 함께 우리나라 정서를 대표하는 음식이라고 할 수 있다. 더
군다나 화기가 앞에 있어 난방의 역할까지 하였다. ✳

생선 이름에도 해학과 풍자가 있었다

조선시대 먹을거리 가운데는 임금이 한 말이나 일반 백성들 사이에서 생겨난 일화로 인해 이름이 지어진 것들이 많다.

그 대표적인 것 가운데 하나가 탕평채이다. 영조가 당파싸움을 없애기 위해 노론과 소론에 대한 탕평책을 논하던 날 처음 선을 보여 얻어진 이름이다.

먹을거리 가운데는 유독 생선에 얽힌 일화들이 많다. 명태가 좋은 예로, 조선시대 중기에 얻게 된 이름이라고 전해진다. 함경도에 부임한 관찰사 민씨가 순시를 위해 명천군을 방문했을 때의 일이다.

민가를 돌던 중 배가 고팠는데 마침 태씨의 성을 가진 한 어부가 밥상을 차려 내왔다. 더욱 기분이 좋았던 것은 밥상 위에 놓인 생선의 맛이 일품이었다. 그런데 그때까지 생선의 이름이 없다는 것을 알자 즉석에서 명천군의 '명(明)'과 어부 '태(太)' 씨의 성을 따서 명태라 지어주었다는 설이다. 한편 이 생선의 눈알을 먹으면 눈이 밝아진다고 해서 그런 이름이 붙여졌다는 설도 있다.

함경북도에 임연수(林延壽)라는 어부가 살고 있었는데, 바다에 나가기만 하면 유독 한 종류의 생선만 가득 잡아왔다. 그런데 다른 생선에 비해 비린내가 덜 나고 소금만 뿌려 구워도 그 맛이 일품이었다. 그래서 임연수가 잡은 생선이라고 소문이 나면서 임연수가 그 이름으로 굳어졌다.

재담집 『소천소지』를 보면 과메기에 대해 언급한 내용이 있다.

동해안에 살던 한 선비가 과거를 보기 위해 한양으로 가던 중 어느 해안가에 이르렀을 때였다. 마침 배가 고픈 선비는 주위를 둘러보다 언덕 위에 나뭇가지로 눈을 꿰어 말려놓은 생선을 발견했다. 그 생선의 맛을 본 선비는 천하일품이라며 감탄을 했다. 그 후부터 선비는 겨울마다 나뭇가지로 청어나 꽁치를 꿰어 말려서 먹기 시작했다.

이처럼 과메기는 청어의 눈을 나뭇가지로 꿰어 말렸다는 '관목(貫目)'에서 유래되었다. '목'은 포항 지방의 사투리로 메기라고 하는데, 그래서 관목이 관메기로 변했다가 과메기가 된 것이다.

쏨뱅이목 삼세기과 바닷물고기의 정확한 명칭은 삼세기이다. 특히 매운탕거리로 인기가 좋은 이 삼세기는 표준어보다는 전라도 사투리인 삼식이로 더 잘 통한다.

강원도에서는 삼숙이로 경상도에서는 탱수로도 불리는 이것은 아귀와 함께 못 생긴 생선의 대명사이기도 하다. 하지만 외향과는 달리 맛은

204

고깃배 국립중앙박물관 소장

일품이어서 전라도에서는 겉은 못 생기고 볼품없지만 속이 꽉 들어찬 사람이라는 뜻으로 부르기도 한다.

멍텅구리는 바닷물고기인 뚝지의 다른 이름인데, 못생기고 동작도 느린 것이 특징이다. 그래서 때로는 도망치려는 노력조차 하지 않는 것처럼 보여 판단력이 흐리거나 현실감이 떨어지는 사람을 일컫는 말로 쓰이게 되었다.

이처럼 조선시대 먹을거리에는 해학과 풍자가 배어 있었다. ✳

두부에도 33가지 종류가 있었다

우리나라 두부가 중국과 가장 교류가 활발했던 고려시대 후기에 원나라로부터 전래된 것이라는 설이 있지만 확실하지는 않다. 하지만 원조가 어디이든 우리나라의 두부 맛이 일품이었다는 사실만은 부정할 수 없다.

두부는 약 2천 년 전 중국 한나라의 회남왕 유안이 처음 만들었다. 회남왕 유안은 도가에 심취한 도인으로 산에 올라 8명의 신선을 만나게 되는데, 이들이 불로장생할 수 있는 방법으로 두유 만드는 방법을 전해주었다는 팔공산 전설이 전해지고 있다.

아무튼 그 후 두부에 관한 언급은 거의 없다가 당나라 후기 때 『청이록』에 다시 등장하게 된다. 그래서 북방의 유목민족과 교류가 있었던 그 무렵에 유락문화의 영향을 받아 두부가 만들어진 것이라는 견해도 있다.

우리나라의 경우 고려시대 후기에 처음 두부에 관한 기록이 나온다.

성리학자 이색의 『목은집』 가운데 〈대사구두부내향〉이라는 시에, '나물 국은 오래 먹다보면 맛이 없지만 두부가 새로운 맛을 돋우어 주네. 이가 부실해도 먹기 좋고 늙은 몸이 양생하기에 더없이 좋구나' 라는 구절이 있다.

조선시대에는 두부 만드는 솜씨가 중국은 물론 일본에까지 알려져 기술을 전수해주기도 했다. 그만큼 고려시대에 발달된 두부는 조선시대로 이어지면서 더욱 뛰어난 맛을 자랑했다.

그래서 두부는 궁궐 내 밥상 위에 자주 올랐다. 태종 16년(1416) '가뭄 때문에 반찬을 줄이기 위해 각전에 공상하는 두부를 없앤다' 는 기록이 있는 것만 봐도 알 수 있다. 두부는 궁궐은 물론 민간에 있어서도 요긴 한 음식이었다. 특히 민간의 경우 두부는 단백질을 얻을 수 있는 최고의 음식이었다.

두부는 민간요법으로도 쓰였는데, 화상을 입었을 때 찧어 환부에 붙 였다. 가벼운 화상 정도는 생 두부 그대로를 대고만 있어도 응급처치가 가능했다. 식물성 단백질이 풍부한 두부는 고름이 생기는 종기에도 유 용하게 쓰였다. 종기가 난 곳에 납작하게 썬 두부를 붙이거나 마른 두부 를 이용해 치료를 했다.

우리나라에서 이처럼 다양하고 유용하게 쓰였던 두부의 진정한 가치 는 무엇보다 맛에 있었다. 맛에 대해서는 두부의 원조라고 알려진 중국 에서도 인정하였다.

세종 10년(1428) 공조판서 성달생이 명나라에 머물면서 보고한 내용에 따르면, 사신 백언이 두부를 만들어 황제에게 올리자 가상하게 여겼다 고 한다. 그래서 황제가 백언을 어용감 소감에 제수하고 관대를 내려주었다.

또한 세종 16년(1434)에는 명나라에 갔던 사신 박신생이 황제의 칙서 3통을 가지고 돌아왔는데, 그 가운데는 두부에 관한 내용이 있다.

조선에서 지난번에 보내준 궁녀들의 음식과 반찬 솜씨가 뛰어나서 아름다울 정도이다. 특히 두부를 만드는 것은 더욱 섬세하고 오묘하다.

그래서 두부를 잘 만드는 궁녀 10여 명을 선발해 보내달라는 내용이었다.

일본의 경우 가장 맛있고 전통이 있다고 알려진 고치현(高知縣)의 당인 두부 역시 우리나라가 원조이다. 임진왜란 당시 끌려갔던 경주성장 박호인이 전래한 것이 시초이다.

두부는 궁궐에서도 발달했지만 가장 빛을 보고 있었던 것은 사대부나 민간일 수밖에 없었다. 특히 명가의 규수라면 누구나 음식 솜씨가 있어야 했던 시절이었다. 장과 김치를 포함해 모두 99가지 솜씨를 따졌는데, 그 가운데 33가지의 두부를 만들 줄 알아야 했다. 대표적인 막두부와 순두부 그리고 연두부를 비롯한 젖두부, 언두부, 탄두부, 곤두부, 연포 두부, 유부, 비지 등 다양한 종류가 탄생될 수 있는 계기가 되기도 했다.

한편 조선시대에는 두부를 사찰에서 승려들이 만들기도 했다. 그 당시 승려들에 대한 탄압으로 노동을 부여하였다. 그래서 왕릉 근처 법당인 원찰에 재를 올릴 때 쓸 두부를 만드는 조포사 역할을 하였다.

사대부들은 이따금 두부가 먹고 싶을 때면 지인들과 함께 포회라는 연회를 베풀었다. 그럴 때마다 사찰에 콩을 보내 두부를 만들어 오도록 했다. 승려들에게는 또 다른 노동이고 곤욕이었겠지만 그만큼 두부 만드는 솜씨가 뛰어났다는 증거이기도 하다. ✳

주막이 주점이 되었다

조선시대 도성 밖 변두리나 시골 길가에서 밥과 술을 팔던 곳이 주막이다. 주막에서는 행상이나 과거시험을 보기 위해 지나는 사람들에게 숙박을 제공하기도 했다.

주막의 막(幕)은 집을 의미했지만 주로 주(酒)자를 적은 깃발을 내거는 것이 보통이었다. 주막을 주막집, 점막, 탄막, 주사, 주포라고도 불렀는데, 조선시대 후기에는 접대부를 두는 곳까지 생겨나기도 했다.

주막의 유래를 신라시대 때 김유신이 출입했다는 경주의 천관 술집이라고 보는 견해도 있다. 그러나 기록상으로는 고려 성종 2년(983)에 현 개성시인 송도에서 처음 주막이 생겼다고 되어있다. 흥미로운 것은 고려시대 때 국교로까지 대우를 받았던 불교와도 연관이 있는 것이 주막이라는 점이다. 그 당시 사찰에서는 소금, 마늘, 국수 등과 함께 술도 팔고 숙박업까지 했었다.

조선시대에 주막이 본격적으로 발달하게 된 것은, 화폐의 유통이 활

주막
평민들이 주로 다니던 주막의 풍경을 그린 김홍도의 작품
국립중앙박물관 소장

발해지기 시작한 효종 대에 이르러서였다. 주막은 장터와 나루터를 비롯해 큰 고개 아래에 위치한 길가 그리고 광산촌 등에 주로 분포해 있었다.

특히 한양을 중심으로 할 때 인천으로 가는 중간지점인 소사와 오류동에 많았다. 그곳은 한양에서 출발한 사람들이 점심 무렵에 도착하는 지점이었기 때문이다. 지방의 경우 영남 지역에서 한양으로 올라오는 문경새재 부근에 주막이 발달했고, 경상도와 전라도의 길목인 섬진강 나루터의 화개, 한지와 곡산물의 집산지인 전주 등에도 주막거리가 형성되었다.

휴식처와 정보 공급처가 돼주었던 주막 이외에 여각과 객주집도 있었다. 여각은 행상하는 사람들을 위한 숙박업이 주목적이었으며, 객주집은 숙식은 물론 상품의 중개나 위탁판매도 하던 곳이었다.

그 후 주막은 장터의 활성화와 역참제도의 발달로 더욱 번창하게 되었다. 상업이 발달한 조선시대 후기에는 주막 말고도 소주가, 병주가, 선술집, 내외주점, 이동술집, 색주가 등 다양한 형태의 주점들이 생겨났다.

소주가는 소주를 제조해 판매하는 곳이었으며, 병주가는 술을 소매하는 곳으로 탁주를 직접 만들어 팔았고, 소주와 약주 등은 소주가에서 구입해 팔기도 했다.

선술집은 목로주점으로도 더 알려져 있었다. 동네 뒷골목이나 후미진 곳에 목판을 펼쳐놓고 한 잔의 술에 너비아니나 술국을 곁들여 내놓았다. 술잔을 놓는 긴 나무를 목로라고 해서 목로주점이라는 말이 생겨났는데, 한 가지 특징은 술값만 받았다는 것이다.

내외주점은 1900년대에 들어서 몰락한 양반집 부녀자들이 생계유지를 위해 차린 술집으로 일명 팔뚝집이라고도 불렸다. 손님이 술을 청하면 주인 여자는 문 안에서 술상을 잡은 팔만 내밀었다고 해서 붙여진 것이다. 그러나 남녀유별을 지켜내던 내외주점은 훗날 색주가로 변하기도 했다.

소주를 오지병에 담아 손에 들거나 머리에 인 채 이동하며 파는 사람을 들병장수 또는 들병이라고 했다. 들병장수들은 주로 한양을 드나드는 길목이나 장터에 앉아 술을 팔았다.

조선시대 사람들이 정을 나누던 곳이 주막이었다. 나그네와 행상들을 위한 쉼터와 정보 교환 장소가 돼주기도 했다. 하지만 차츰 여러 형태의 주점으로 변화를 꾀하며 사라졌다. ✳

임금도 그 맛을 잊지 못했던 장국밥

헌종은 이따금 미복으로 신분을 감춘 채 모전교(현 무교동 쪽에 있던 청계천의 옛 다리)가 있는 곳으로 향했다. 수라상에 올랐던 장국밥을 잊지 못해 한양에서 가장 소문난 맛집을 찾기 위해서였다.

임금의 입맛마저 사로잡은 장국밥은 장이 들어간 국밥으로 소금 대신 간장으로 간을 맞춰 먹는 국밥이란 뜻에서 그 이름을 갖게 되었다. 그래서 '醬국밥'이 되었는데 장터국수처럼 장터에서 팔거나 먹을 수 있는 '場국밥'으로 알고 있는 사람들도 많다.

장국밥은 탕반(湯飯) 또는 온반(溫飯)이라고도 하는데, 개성의 장국밥을 특히 개성 탕반으로 부르기도 했다. 이 개성 탕반은 전주비빔밥, 평양냉면과 함께 조선시대 대표적인 3대 음식 중 하나이다.

장국밥의 국물은 양지머리 고기를 오래 끓인 육수를 사용한다. 이때 건져낸 고기는 잘게 찢어 따로 양념에 재워놓는다. 그리고 콩나물과 고사리, 도라지 등과 함께 밥에 얹고 육수를 부어 내놓게 된다.

1896년 발간된 『규곤요람』을 보면 장국밥은 밥 위에 기름진 고기를 장에 조려 얹고 그 국물을 붓는다고 나와 있다. 그런데 밥은 국과 따로 나오기도 하고 국에 말아서 나오기도 했다. 처음에는 밥과 국이 따로 나와서 따로 국밥이란 말이 생겨나기도 했다. 그러다 장국밥을 찾는 사람들이 늘자 처음부터 국에 밥을 말아 내놓게 되었다. 특히 많은 장꾼들이 오가는 장터에서는 어쩔 수 없는 방법이었다. 더욱 바쁜 끼니때는 아예 뚝배기에 밥과 고명을 담아두었다가 손님이 들어오면 토렴(뜨거운 육수를 여러 번 부었다 따랐다 함)을 해서 내놓았다.

장국밥은 개성뿐만 아니라 한양을 포함해 전국에서 누구나 즐겨먹던 음식이 되었다. 특히 한양의 장국밥은 그 맛이 궁궐에까지 알려져 가끔 임금의 수라상에도 올랐다.

한양에서 가장 유명한 장국밥이 모전교 앞에서 팔던 무교탕반이었다. 그래서 헌종마저 그 맛을 잊지 못해 이따금 찾아와 먹고 갔으며, 조정대신들은 물론 주변의 양반들까지 머슴을 앞세운 채 행차를 하고는 했다. 그럴 때면 주인이 이들을 특별히 별채로 안내했는데, 국밥을 먹고 있던 일반 백성들이 황급히 자리를 피했다가 다시 들어오는 촌극도 벌어졌다.

그래도 장국밥이라는 최고의 맛이 있었기에 비록 마주 앉지는 못했어도 신분을 초월한 의미 있는 한 자리가 만들어졌다. ✳

엿을 좋아했던 연산군

　혼례 때 엿을 이바지 음식으로 보내면 한동안은 시집살이가 심하지 않다는 말이 있다. 시집식구들이 각자 엿을 하나씩 물고 있는 동안만큼은 달콤한 맛에 빠져 새 며느리에 대한 흉을 보지 않는다는 의미이다. 주전부리가 다양하지 못했던 조선시대에는 엿이 최고의 기호식품이었다. 연산군도 한 번 맛을 본 엿에 대한 미련이 남아 중국까지 가서 사오라고 할 정도였다.

　연산군 1년(1495) 정괄, 구수영에게 내린 지시의 내용이다.

　내가 일찍이 검은 엿(?) 같은 것을 먹어 보니 매우 맛이 좋았다. 그것이 중원의 산물이니 경이 가서 사가지고 오라. 또한 거기에 드는 재료가 혹시 우리나라에서 나는 것인데도 사람들이 알지 못하는 것은 아닌지, 또한 만드는 법은 어떤지 등도 자세히 알아 오라.

연산군이 일찍이 경험했던 '검은 엿 같은 것'이 무엇인지는 정확히 나와 있지 않지만, 그 맛을 잊지 못했던 것만은 사실이다. 그런데 아마도 연산군이 맛보았다는 엿 같은 것은 중국의 은행죽일 가능성이 높다. 중국에서는 한식날이면 은행을 갈아 쑨 죽에 엿을 함께 넣어 먹는 풍습이 있었다.

한편 물엿으로 굳힌 동물 문양을 한 것이 아니었을까 라는 추측도 든다. 중국에는 이미 15세기부터 물엿으로 전설에 등장하는 용과 뱀 또는 공작새와 그 밖의 동물들의 형상을 재현하는 문화가 있었다.

연산군이 우리나라 전통의 엿 맛은 모르고 그런 지시를 내린 것은 아니었을 것이다. 우리나라의 엿에 대한 기록은 고려시대 이규보의 『동국여지승람』에 처음 언급되어 있다. 다른 전통 한과들과는 달리 비교적 오랜 역사를 갖고 있다는 증거이다.

또한 광해군 3년(1611) 허균이 펴낸 전국의 식품과 명산지에 관해 적은 『도문대작』에 보면, 흰엿과 검은엿에 대한 구체적인 기록이 남아있다. '엿은 개성의 것이 상품이고 전주의 것이 그 다음이며 최근에는 한양의 송침교 부근에서도 잘 만든다'고 기록되어 있다. 그리고 한양의 역사를 간략하게 서술한 유본예의 『한경지략』을 보면 '백당전이란 가게는 한양 곳곳에 있는데 엿과 사탕을 판다'고 기록되어 있다. 이와 같은 기록을 봐서도 연산군이 좋아했던 중국산 엿과는 별도로 우리나라의 엿은 나름대로 역사와 전통을 이어왔던 것만은 사실이다.

엿은 오랫동안 우리나라 정서를 대표하는 기호식품이다. 단맛을 내기 위해 오랜 정성과 시간을 들여야 하는 만큼 서두름이 없었다. 그래서 김홍도의 〈씨름도〉에 등장하는 엿 파는 소년 역시 느긋한 미소를 짓

씨름도
모내기를 끝낸 단오 무렵 22명의 사람이 한양거리에서 씨름 경기를 즐기는 모습. 가운데 엿파는 소년의 웃는 모습이 인상적이다. 김홍도 작품
국립중앙박물관 소장

고 있다. 등 뒤에서는 한창 씨름판이 벌어지고 있지만 그만하면 들고 나온 엿을 대충 팔았다고 여겼는지 혼자 먼 곳을 보며 여유로운 표정을 짓고 있다.

또한 엿에는 단당류가 포함되어 있어 두뇌활동에 좋다는 것을 조선시대 사람들도 이미 잘 알고 있었다. 그래서 글공부를 하는 선비나 궁궐 안 왕세자에게도 엿이나 조청을 자주 먹게 했다. 또한 과거를 보기 위해 집을 떠나는 선비에게는 엿을 싸주기도 했는데, 이는 가는 길에 요기를 하라는 의미와 함께 엿의 성질처럼 찰싹 달라붙으라는 기원도 포함된 것이었다.

그런데 엿 때문에 과거시험을 치르던 난장(亂場)이 말 그대로 난장판이 된 적도 있었다. 영조 49년(1773) 지평 이한일이 과거시험 장소에서의 문란한 행동을 보고한 일이 있었다.

이번 과장이 열린 곳에서는 엄숙하지 못하여 떡과 엿은 물론 술과 담배까지 내놓고 팔았습니다. 그때 과장의 혼잡을 막지 못했던 금란관을 파직시켜야 옳은 줄 아뢰오.

엿은 만복이 달라붙는 음식이라 여겼던 것이 선조들이었다. 엿가락처럼 살림이 늘어나 부자가 되라는 의미로 오랜 정성과 시간을 들여 만들었다. 혼자가 아닌 두 사람이 마주앉아 당기고 접고 늘려가며 만복을 기원하고 행복을 염원하던 조선시대 사람들의 마음이 담겨진 것이 바로 엿이다. ✱

잔칫상을 채웠던 사람들의 숨결

잡채

잔칫상에 빠져서는 안 되는 음식 가운데 하나가 잡채인데, 처음에는 당면이 들어가지 않았다.

잡채는 1600년대 초 광해군 때 궁궐의 재건공사에 드는 비용을 마련하기 위해 벼슬행상을 한 데서 비롯되었다고 전해진다. 지응곤, 김순 등이 조도사(調度使) 자격으로 지방을 돌며 재물을 받고 벼슬을 팔았던 것이다. 이때 이충이란 자가 광해군에게 여러 가지 야채만을 볶아서 무친 요리 한 접시를 진상하고 호조판서가 되는 일이 있었다. 여기서 여러 야채를 넣었다고 해서 잡채가 되었는데, 이충을 비웃는 잡채상서라는 말도 생겨났다.

한편 야채만을 넣고 만들어 먹었던 잡채에 당면이 들어가기 시작한 것은 1900년대 초기부터이다. 이때는 당면이 발달되어 오히려 어떤 야채보다 선호하는 재료가 되었다.

빈대떡

빈대떡은 빈댓과 곤충인 빈대와 연관되었다는 설이 가장 흔하다.

옛날 한양의 덕수궁 뒤쪽(현 정동 부근) 빈민가에는 빈대가 많아 이곳을 빈대골이라 불렀다. 그런데 이곳에 사는 떡장수들이 만들어 파는 떡이 하필이면 빈대처럼 납작하게 생겨 빈대떡이 되었다는 것이다. 한편 『명물기략』에는 중국의 콩가루로 만든 떡인 알병의 '알' 자가 빈대를 뜻하는 '갈(蝎)'로 잘못 전해져 빈대떡이 되었다고 기록되어 있기도 하다.

빈대떡은 녹두를 주원료로 만든 것으로 처음에는 빈자(貧者)떡이라 불렀다. 원래는 기름에 지진 고기를 고배(음식을 높이 쌓아 담음)할 때 받침으로 쓰였는데, 그 후 가난한 사람들이 주로 먹는다고 해서 빈자의 떡이 된 것이다.

인절미

잔칫상 하면 떡도 빼놓을 수가 없다.

그 중에서도 적당히 잘라놓은 인절미는 먹기도 수월해 잔칫상의 한 부분을 차지했다.

피난길에 오른 인조와 연관이 깊은 것이 인절미이다. 이괄이 난을 일으켜 한양이 반란군에 점령당하자 인조는 충청남도 공주로 피난을 갔다. 그곳에서 임씨라는 농부 한 사람이 찰떡을 만들어 인조에게 바쳤는데, 그 맛이 일품이고 처음 먹어보는 것이라 이름을 물었다. 그러나 떡의 이름을 아는 사람이 없자 인조는 임씨가 절미한 떡이라는 의미로 임절미라 부르게 했다. 이것이 인절미로 바뀌어 전해졌다고 한다.

국수

국과 밥이 놓이는 경우가 대부분이었지만 잔칫날하면 먹을 수 있다고 생각한 것이 국수였다.

잔치국수라는 말까지 생겨난 것을 보면 잘 알 수 있다. 생일이나 혼례 등 경사가 있어 잔치가 벌어지면 메밀국수와 밀국수 등을 특별음식으로 취급했다.

생일을 맞은 사람에게는 길게 뽑아진 국수의 면발처럼 장수하기를 기원했다. 또한 혼례 때는 두 사람의 인연이 오래 가기를 기원하는 뜻으로 국수를 내놓았다.

사과

사과는 잔칫상의 화룡점정이었다.

온갖 기름진 음식과 산해진미가 있어도 과일이 놓여 있어야 비로소 잔칫상이 다 갖춰진 것처럼 보이기 때문이다. 그 중에서 붉은 사과는 식욕뿐만 아니라 시각적인 효과도 있어 언제나 환영받던 과일이다.

사과를 능금이라고도 해서 주요 생산지인 경상도 지역의 사투리라고 알고 있는 경우가 많다. 그런데 능금은 임금(林檎)이나 내금(來禽)에서 유래된 것이다. 과일의 맛이 좋아서 많은 새들이 모여들어 숲을 이루었다는 의미를 담은 것이 능금인 것이다.

임금의 배려와 백성들의 숨결까지 골고루 차려져 있던 것이 조선시대의 잔칫상이 아니었을까. 그래서 맛은 물론 그 의미마저 깊은 상차림이 되었을 것이다. *

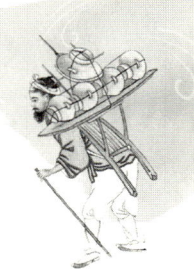

한 그릇에 정을 비벼 먹던 비빔밥

비빔밥의 유래에 대해서는 다양한 학설이 있다.

가장 많이 거론되는 것이 궁중 음식설이다. 조선시대 임금들의 수라에는 흰수라, 팥수라, 오곡수라, 비빔 등 4가지가 있었다. 이 가운데 비빔은 점심때나 종친이 입궐했을 때 함께 먹던 가벼운 식사였다.

그런데 비빔밥이 궁중 요리에 포함되고 수라에까지 오르게 된 유래 가운데 흥미로운 설이 하나 있다.

어느 날 궁궐에서 식사가 거의 끝나갈 무렵 예정에 없던 손님이 찾아왔다. 남은 음식이 별로 없었고 새로 요리를 할 수 있는 여유도 없어 난감한 상황이었다. 그래서 궁리 끝에 커다란 대접에 밥을 푸고 그 위에 조금씩 남은 여러 반찬들을 색을 맞춰 가지런히 얹어 차려냈다. 손님에게 내밀며 비빔밥이라고 하는 일품요리인데 잘 비벼서 드시라는 말도 덧붙였다. 손님은 맛있게 먹으며 흡족해 했는데, 자칫 곤란에 처할 뻔했던 상황을 잘 해결해 준 비빔밥이 궁중요리의 하나로 인정받는 계기가 되었다.

점심
김홍도의 작품으로 여름의 들판에서 점심먹는 풍경
국립중앙박물관 소장

음복설은 제사를 마치고 제물을 남김없이 먹었던 데서 유래된 것이다. 또한 사찰에서 산신제 등을 지낼 때 생겨난 것이라는 설도 있다. 사찰은 대부분 집과는 먼 곳에 있었던 터라 그곳까지 그릇을 넉넉하게 가져갈 수가 없었다. 그래서 커다란 그릇에 밥과 함께 여러 음식을 넣어 비벼먹은 데서 유래되었다는 것이다.

농번기 음식설은 바쁜 농번기 때 여러 번 상을 차릴 수 없어 역시 커다란 그릇에 있는 음식들을 넣고 섞어 먹은 데서 유래된 것이다. 그래서 양푼비빔밥과 보리비빔밥 등이 여기서 탄생되었다고도 한다.

그 밖에도 임금이 난을 피해 몽진했을 때 수라상을 차릴 만한 음식이 마땅치 않아 밥에 서너 가지 나물을 비벼 올렸다는 임금몽진 음식설, 식기가 넉넉하지 않은 동학군이 하나의 그릇에 되는대로 받아 비벼서 먹었다는 동학혁명설, 새해를 맞아 여러 음식을 장만하면서 묵은해의 남은 음식을 없애기 위해 밥에 이것저것을 넣고 비벼 먹었다는 묵은 음식 처리설 등이 있다.

비빔밥이 처음으로 문헌에 등장한 것은 1800년대 말 『시의전서』로 '부븸밥'으로 표기하고 있다. 비빔밥은 흔히 골동반(汨董飯)으로 표기하기도 하는데 어지러울 汨에 다스릴 董을 쓴다. 즉, 여러 가지를 한데 섞는다는 뜻으로 밥에 다양한 반찬을 넣어 비빈다는 것을 말한다. 한마디로 비빔밥은 여러 가지 나물을 비벼 먹는 것으로 각 지방마다 다른 특산 농산물에 따라 발전되어 왔다. 그 가운데서도 특히 전주, 진주, 해주에서는 향토명물 음식으로 발전하여 오랜 전통을 이어오고 있다.

전주비빔밥의 특징은 콩나물이 들어간다는 점이다. 전주는 콩나물로도 유명한데 전국에서 가장 최상품으로 쳐줄 정도였다. 그래서 자연스럽게 콩나물을 이용하게 되어 전주의 콩나물비빔밥이라고 부르기도 했다. 밥은 소머리를 고운 물로 짓는데, 뜸을 들일 때 콩나물을 넣는 것이 특징이다. 여기에 쇠고기, 시금치, 쑥갓, 고사리, 도라지, 미나리 등을 담고 생달걀 노른자를 올리고는 고추장으로 비벼서 먹으면 된다. 비빔밥과 함께 먹는 장국은 주로 맑은 된장국이지만 계절에 따라서는 동치미 등을 곁들이기도 한다.

진주비빔밥은 콩나물 대신 숙주나물을 쓴다. 오색의 나물과 소고기육회 등 얹어지는 고명이 아름답고 화려하다고 해서 일명 화반(花飯)이라고도 부르는데 함께 먹는 국은 선짓국이다. 임진왜란 때 진주성 싸움에서 부녀자들이 군관을 위해 밥을 지어 나르면서 번거로움을 피하기 위해 밥에 각종 나물을 얹었던 것이 유래라고도 한다.

해주비빔밥의 가장 큰 특징은 밥을 미리 기름에 볶고 소금으로 간을 한다는 점이다. 그리고 밥 위에 해주 수양산에서 나는 고사리 등 여러 가지 나물과 함께 닭고기를 기본 고명으로 얹는다. 그 밖에도 달걀과 잘게 부순 김도 올렸는데, 특히 김은 황해도 특산물로 유명했다. 해주비빔밥을 해주교반이라고도 불렀으며 함께 먹는 국은 맑은 고깃국이다.

헛 제삿밥으로 불리는 안동비빔밥은 고추장 대신 간장으로 맛을 내며 전이나 산적 또는 생선을 올리는 것이 특징이다. 그 밖에도 미더덕과 조개의 육즙으로 버무린 나물을 넣는 마산비빔밥, 잘게 썬 멍게를 숙성시켜 김가루와 참기름에 비벼 먹는 거제도 멍게 젓갈비빔밥 등도 빼놓을 수 없다.

비빔밥은 우리의 정서를 가장 잘 드러내주는 음식이기도 하다. 한 그릇에 여러 반찬을 넣어 가족이나 이웃과 함께 먹으면서 정과 마음을 나눌 수 있었기 때문이다. ✻

겨울에 즐겨 먹었던 냉면

차가운 냉면을 추운 겨울철에 먹어야 제 맛이라고 여긴 것은 언제부터일까.

냉면의 원조라고 하는 것이 평양냉면이다. 『동국시세기』를 보면 '메밀국수를 무김치와 배추김치에 말고 돼지고기 섞은 것을 냉면이라고 하고 잡채와 배, 밤, 쇠고기, 돼지고기를 섞은 것을 골동면이라 한다. 이중에 평안도 냉면이 최고다'라고 기록되어 있다.

평양냉면은 메밀가루에 녹말가루를 조금 섞어 만든 국수에 차가운 장국을 부어 말아서 먹는 평양지방의 향토음식이다. 고명으로는 편육, 오이채, 배채, 삶은 달걀 등이 들어간다. 장국은 소고기나 닭 또는 꿩을 삶은 육수를 사용했는데, 일단 차갑게 식힌 뒤 기름을 걷어내고 간을 맞춰 국수 위에 부었다. 동치미 국물과 육수를 적당히 섞은 것을 장국으로 사용하기도 했다.

냉면은 이렇듯 차가운 음식인데도 옛날부터 이곳 사람들은 추운 겨울

국수틀
밀가루를 반죽하여 국수틀 본체의 둥근 통에 넣고 공이로 눌러 국수를 뽑아내는 틀

날 한 끼 식사나 해장국 대신으로 먹었다.

한편 평양냉면과 쌍벽을 이루는 함흥냉면은 더욱 추운 함흥지방에서 발달된 것이다. 일명 회냉면이라고도 불리는 함흥냉면은 삶은 국수에 국물을 붓지 않고 고추장으로 무친 홍어나 가자미의 회를 고명으로 얹어 비벼먹는 매운 냉면이다. 여기에 겨자즙과 식초 등을 가미하고 따뜻한 고깃국을 곁들여 먹기 때문에 한겨울에도 땀을 낼 수가 있었다.

냉면은 고려시대 때 몽골에서 들어왔다고 전해진다. 면의 주원료가 되는 메밀은 사람의 손길이 그다지 닿지 않아도 잘 자라는 특성이 있다. 그래서 냉면이 서북과 강원도 이북 지역에서 특히 발달하게 된 이유이기도 하다.

평양냉면은 메밀이 많이 함유된 면을 쓰고, 함흥냉면은 감자전분이나 옥수수 또는 고구마 전분이 많은 면을 쓴다는 차이가 있다. 하지만 냉면이 남쪽으로 전해지면서 면은 물론 고명과 곁들여 먹는 육수도 다양해졌다.

처음에 나무로 된 국수틀로 내리던 굵고 질긴 면발도 차츰 부드러워졌다. 또한 기계 국수틀이 생기면서부터는 면발에 양념이 더욱 잘 배어나 다양한 맛이 탄생되기도 했다.

동치미가 잘 익는 한겨울의 별미로 알려졌던 냉면은 그 후 얼음을 넣기 시작하면서부터 인식이 달라졌다. 얼음을 넣게 되자 한여름에도 즐길 수 있게 되었고, 더위를 쫓는 음식으로 변하게 되었다. ✻

식혜에서 사이다까지

조선시대 기호식품 가운데 대표적인 음료수는 식혜이다.

감주 또는 단술이라고도 했는데 영조 중기 1740년경에 편찬된 『수문사설』에 처음 기록되어 있다. 그 후에 나온 『규곤요람』과 『시의전서』 등에는 식혜의 제조법도 등장한다.

한편 식혜가 식해(食醢)에서 매운 양념과 생선살을 제거하고 밥과 엿기름만으로 달콤하고 걸쭉하게 만든 국물이라는 설도 있다.

일명 수전과라고도 하는 수정과 역시 빼놓을 수 없는 대표 음료수이다. 궁궐의 연회상에 올린 수정과에는 앵두, 유자, 석류, 생강, 왜감자 등이 사용되었다. 1827년에는 물에다 꿀만 타서 잣을 띄워 수당과라 했으며, 오늘날과 같은 곶감과 생강을 넣은 수정과는 1868년에 등장했다.

『시의전서』에는 곶감수정과 배숙, 밀, 화채를 포함시켰는데, 현재 우리가 먹고 있는 수정과의 형태를 갖추기 이전에는 각종 재료를 넣고 달여 차게 먹는 음료를 그렇게 불렀다.

『동국세시기』에는 곶감을 달인 물에 생강과 잣 등을 넣은 것을 수정과라고 하였고, 『규곤요람』에서는 '곶감을 더운 물에 담가 아랫목에 두었다가 잣을 띄워 먹는다' 하여 곶감을 달이거나 우린 것을 기본으로 삼았음을 알 수 있다.

그 후 식혜와 수정과에 익숙해진 우리의 입맛을 단번에 바꿔버린 음료수가 탄생되었는데 바로 사이다이다.

『인천부사』에 따르면 1905년 히라야마 마쓰타로라는 일본인이 인천시 중구 신흥동 해광사 부근에 인천탄산제조소라는 사이다 공장을 세웠다. 이 회사는 미국식 제조기와 5마력짜리 발동기를 이용해 별표(星印) 사이다를 생산했다.

음료수라고 해야 식혜와 수정과 정도로만 알고 있었던 그 당시 사람들에게 사이다는 야릇한 이름과 함께 낯설게 여겨졌다. 하지만 한번 맛본 사람들은 금세 그 톡 쏘는 특유의 맛에 매료될 수밖에 없었다.

그 후 '인천 앞바다에 사이다가 떴어도 컵이 없으면 못 마십니다……' 라는 구전 가요까지 생겨나게 되었다. 실제로 인천 앞 바다에 사이다 병이 둥둥 떠다닐 정도로 폭발적 인기를 모았다.

하지만 오랜 세월 우리의 전통 음료인 식혜와 수정과가 존재했기 때문에 그 새로운 맛도 받아들일 수 있었던 것은 아니었을까. ✳

이성계를 원망하다 만든 만두와 떡국

조선을 개국하는 과정에서 수많은 사람들을 죽인 태조 이성계를 원망하다 만든 만두와 떡국이 있다.

고려의 5백년 도읍지인 개경에 살던 사람들은 이성계에 대한 원망과 반감을 강하게 품게 되었다. 특히 나라를 빼앗기는 과정에서 남편을 잃은 고려의 여인들은 더더욱 그럴 수밖에 없었다.

그들의 가슴에 자리 잡고 있는 것은 이성계가 아니라 마지막까지 고려왕조를 지키다가 죽은 최영 장군이었다. 그래서 최영 장군의 영혼을 달래는 당제를 덕물산 중턱의 당집에서 지내기도 했다.

무당들은 이곳에서 당제를 지내며 개경 사람들의 울분을 달래주었다. 이때 제물로 통돼지를 바쳤는데, 여러 여인들이 몰려들어 칼로 마구 썰어대는 것을 잊지 않았다.

칼로 돼지의 목을 치고 배를 가르고 사지를 사정없이 베었다. 또한 썰어낸 살점을 씹어 먹고 도마에 놓고 다지기도 했다. 이 과정에서 다진

돼지고기를 이성계의 이름을 붙여 성계육이라고 부르며 만두소로 이용했다. 또한 썰어낸 고기를 이용해 끓인 국을 성계탕이라 불렸다.

돼지를 제물로 바치고 칼로 난도질까지 한 이유는 하나였다. 바로 원수처럼 여기고 있던 이성계가 태어난 것이 을해년(1335)으로 돼지띠 해였다.

원한에 사무친 고려의 여인들은 가래떡을 썰 때도 이성계의 목을 떠올렸다. 그녀들은 가래떡을 이성계의 목이라 여기며 힘껏 비틀었는데 그 부분이 쏙 들어가게 되었다. 그래서 생겨난 것이 조랭이 떡국이다. 한편 이는 조롱박의 모양에서 유래되었다는 설도 있다. ✳

영양식인 우유는 특식이었다

조선시대에도 우유와 같은 영양식으로 보양을 했다.

우유로 만든 죽을 영양식 또는 보양식의 개념으로 임금들이 먹었다는 기록이 있다. 이를 타락죽(駝酪粥)이라고 하는데, 곱게 간 쌀가루에 물 대신 우유를 넣고 끓인 무리죽의 하나이다.

겨울만 되면 내의원에서는 이 죽을 허약해진 임금에게 올려 원기회복을 도왔다. 그러나 아무나 먹을 수 있었던 것이 아니라 임금이나 왕족에게만 진상되던 특식이었다.

세종 5년(1423)의 기록을 보면 충청도 감사에게 '청주 국고의 묵은 쌀과 콩으로 젖 짜는 소를 사서 날마다 양녕대군에게 우유를 먹일 수 있게 하라'는 내용이 있다.

인종 1년(1545)에는 열에 시달리는 인종에게 다른 약재들이 잘 듣지 않자 홍언필이 우유를 권하기도 했다.

의원들이 상세히 진찰하니 위에서는 얼굴빛이 초췌할 뿐만 아니라 병의 증세까지 이미 생겨 잠을 잘 이루지 못하고 심기가 답답하고 열이 나서 때때로 놀라고 두근거리신다 합니다. 그렇게 되면 곧 인음(물을 자주 마시는 증세)을 보여 몸이 붓게 될 것입니다. 이미 손상된 것이 극에 달하여 의약은 효험이 없으니 타락(駝酪, 우유)은 조금 차가운 성질이 있어 심열을 제거할 수 있고 또 고깃국과 같은 것이 아니니 오늘부터 드소서.

인종은 홍언필의 권유에도 우유를 먹지 않았던 모양이다. 며칠 뒤에는 내의원 제조 등이 나서서 다시 우유를 먹을 것을 거듭 권했다. 그러자 인종도 결국 받아들일 수밖에 없었는데, 생우유는 아니고 궁궐 내의 대표적 보양식인 타락죽일 가능성이 높다.

그 밖에도 우유를 이용한 다른 유제품으로는 현재의 버터와 흡사한 수유(酥油)가 있었다. 우유를 끓여 만든 기름과 같은 것으로 이것을 전문적으로 만드는 사람을 수유치라고 불렀다.

이들은 주로 평안도와 황해도에 거주하고 있었는데 달단족(몽골의 소수민족)이 대부분이었다. 유목을 하면서 버터를 만들어 나라에 공납하였다. 이는 주로 임금들의 약이나 병든 노신들에게 하사하는 귀한 식품으로 쓰였다.

이렇듯 조선시대에는 타락죽과 수유를 비롯해 쌀죽은 물론 전복죽과 흑염소 그리고 개소주까지 보양식으로 먹었는데, 이는 곧 음식이면서 약이 되는 특식이었다. ✽

조선시대 임금들에게는 전용 식수가 따로 있었다. 임금들은 전용 우물인 어정(御井)에서 길어온 물만 마시고 사용했다. 민간에서 공용으로 사용하는 우물과는 달리 청결을 우선시해야 했다. 특히 임금 이외에는 사용할 수 없다는 철칙이 무엇보다 강조되었으며, 이를 지키기 위한 인력과 노력도 적지 않았다.

6

궁중궁궐 그 곳에서는

김홍도는 스파이였다

　조선시대 최고의 화가로 불리는 김홍도가 출세한 것은 영조의 초상화를 잘 그렸기 때문이기도 하다.

　그는 영조는 물론 세손인 이산(훗날 정조)의 초상화도 그렸는데, 이것이 벼슬길에 오르는 계기가 되었다. 정조가 즉위한 후에는 영조의 초상을 모사한 것과 정조의 초상을 초본 제작한 공로까지 인정받았다. 그래서 찰방이라는 자리에 앉아 당대 최고의 화원으로 명성을 날릴 수 있었다.

　나라에 필요한 모든 그림의 제작을 관장하는 곳이 예조에 속한 관청 도화서였고, 화원은 이곳에서 양성하던 화가들이었다. 처음에는 도화원이라 불리다 성종 때 와서 도화서란 이름을 갖게 되었다.

　도화서에는 20명 정도의 화원이 소속되어 있었지만 품계를 받지는 못했다. 품계가 있어야 녹봉을 받기 때문에 이들의 생활은 궁핍할 수밖에 없었다. 그래서 사대부들이 부탁한 그림이나 그들의 초상화를 그려주며 생계를 이어나갔다.

임금과 왕비는 물론 대신들의 초상화를 그려야 하는 기회는 많았다. 하지만 누구나 그림을 그릴 수 있는 것은 아니고, 10년 이상의 경력이 있는 화원들만이 그 특권을 누릴 수 있었다. 그래서 그림에 재능은 있지만 일정한 자격이 되지 못해 재주를 썩히는 일도 허다했다. 그런 사람들을 위해 조정에서는 미리 도화서에 입학시켜 연마할 수 있는 길을 열어주었다. 또한 과거시험을 통해 숨은 인재들을 발굴하는 방법도 마련해 놓고 있었다.

그러나 보다 안정적인 자리를 얻기 위해서는 품계를 위한 승진시험을 거쳐야 했다. 시험에 합격하지 못하면 아무리 경력이 많아도 진급하지 못했다.

대나무와 산수를 비롯해 인물, 동물, 화초 등이 시험 과목이었다. 이 가운데 두 가지를 선택해 그리게 한 뒤 4등급으로 나누었는데, 대나무와 산수의 배점이 가장 높았다. 사대부들이 절개를 상징하는 대나무를 선호했으며, 또한 주로 산수 등의 문인화를 높게 평가하는 유교적 경향의 결과이기도 했다.

그 밖에도 도화서의 화원들은 다양한 그림을 그렸다. 대부분이 나라에서 필요로 하는 천문, 지리, 의학, 농사, 건축 등에 관련된 그림이었다. 그중에서도 가장 많이 그려야 했던 것이 의궤(儀軌)에 쓰이는 의궤도였다.

의궤는 국가의 공식적 행사를 기록으로 남기기 위해 만든 책이다. 화원들은 의궤에 필요한 궁궐의 각종 공식적인 행사 장면을 담은 밑그림인 반차도를 담당했다. 반차도는 임금이 의식을 거행할 때 실수하지 않도록 행사의 일정 등을 나타내주는 그림이다. 또한 행사의 실제 장면인

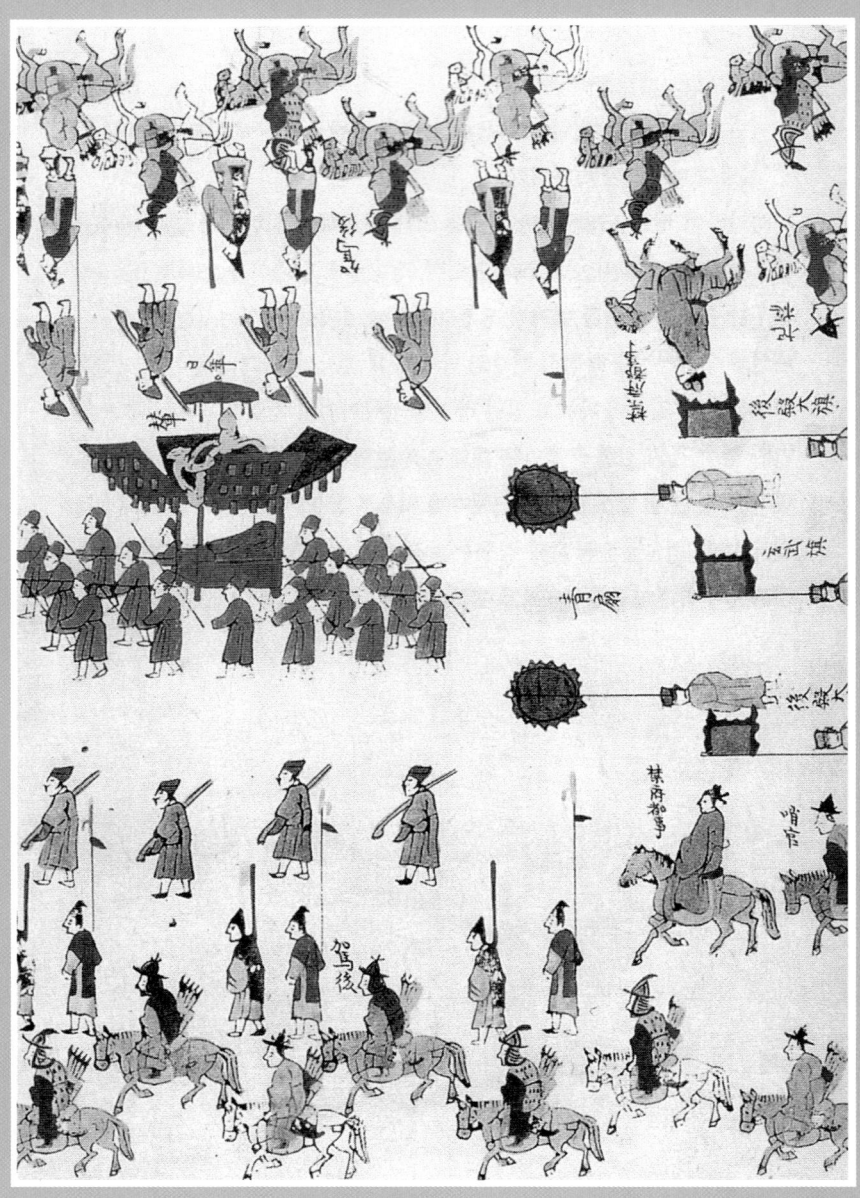

정순왕후와 영조 임금 가례도감의궤
화원들이 의궤에 필요한 궁중의 각종 공식적인 행사 장면을 담은 밑그림인 빈차도를 그렸다.
규장각 소장

행사도 역시 화원들의 몫이었다.

화원들은 녹봉을 받을 수 있는 품계를 원하기는 했지만, 임금의 초상화를 그리는 것을 더욱 기대했다. 임금의 초상화를 담당하는 어진화사(御眞畵師)는 가장 뛰어난 자가 선발되었는데, 화원으로서 최고의 영광이었다. 어진을 잘 그리면 엄청난 하사품은 물론 더욱 탄탄대로의 출세길도 보장받을 수 있었기 때문이다.

어진화사 가운데 한 사람이자 특히 인물묘사에 뛰어났던 진재해는 자신의 초상화를 그려달라는 목호룡의 요구를 완강히 거부하였다. 그는 숙종의 어진은 물론 전신화를 그려 상까지 받았던 인물이었다. 그런 그가 신하들의 초상화는 절대 그릴 수 없다는 뜻이었다.

화원들이 한 가지 더 담당했던 것은 지도 만들기였다.

문종은 지도를 그리라는 특별 지시를 도화서에 내린 적이 있는데, 그 당시 지도에는 군과 군 그리고 읍과 읍의 거리가 정확하게 표시되지 않아 군사의 수요를 예측하지 못해 징발에 어려움을 겪을 수밖에 없었다.

화원들은 사신이 외국으로 나갈 때 동행하여 그곳의 지형과 풍속 등을 그려오기도 했다. 성종은 일본에 통신사를 파견하기 전 화원들에게 각별히 당부를 하기도 했다.

"수로의 거리와 산천의 모양새 그리고 정박한 배의 형태와 그들의 풍속 등을 보고 들은 대로 기록하고 자세히 그려오도록 하라."

화원들이 특수임무도 담당했다는 뜻으로 현재로 말하자면 스파이와도 같은 역할을 하였다.

김홍도 역시 정조 12년(1788) 일본 지도를 그린 적이 있었다. 그런데 사실 그때 어명을 받은 것은 그의 스승 김응환이었다. 김홍도는 제자로서 수행을 하게 되었는데, 부산에 도착했을 무렵 김응환이 그만 병사를 하고 말았다. 그래서 김홍도 혼자 쓰시마 섬으로 가서 일본의 지도를 모사해 돌아왔다.

임금의 초상화부터 사대부들이 선호하는 그림 그리고 의궤도와 비밀스러운 그림에까지 폭넓은 분야를 다뤘던 것이 조선시대 화원들이었다. 비록 많은 노력이 필요하고 어려움도 따랐지만, 그런 토대 속에서 독특한 산수화를 개척한 안견을 비롯해 김홍도와 신윤복 등 우리나라 미술사에 굵직한 획을 긋는 화가들이 탄생될 수 있었다. ✳

임금도 과외공부를 했다

아침밥을 먹기 전에 공부부터

조선시대 임금의 기상시간은 개인마다 조금씩 차이가 있겠지만, 대략 동이 틀 무렵인 5시쯤이었다.

자리에서 일어난 임금은 가볍게 미음이나 죽을 먹었는데 이를 자릿조반이라고 한다. 일어나자마자 수라상을 받기에는 부담이 되었을 테고 무엇보다도 그 전에 해야 할 일들이 있었기 때문이다. 세안을 마치고 의관을 정제한 채 대비에게 아침 문안인사를 한 후에야 본격적인 하루 일과가 시작되었다.

임금의 공식적인 첫 일과는 대신들이 기다리고 있는 정전으로 나가 조회를 주관하는 것이다. 여기서 국정에 관련된 일들을 놓고 의견을 나누게 된다. 조회를 마친 임금은 아무리 배가 고파도 경연(經筵)에 참석해야 했다. 경연은 지금으로 말하자면 특강 혹은 과외공부로 신하들과 학문에 대해 토론하고 유학의 경전을 읽는 일이다. 경연은 하루에 3번을 여는데 아침의 조강(朝講), 점심의 주강(晝講), 저녁의 석강(夕講)이다. 이것도 부족하다고 판단되면 야심한 시각에도 경연관을 불러 야대(夜對)를 갖기도 했다.

태조 1년(1392) 간관(諫官)이 매일매일 경연을 열 것을 청하자 이성계는 '짐은 이미 수염이 희었고 나이가 들었으니 여러 유생들을 모아놓고 경연을 할 필요가 없다'며 탐탁지 않게 여겼다. 그러자 도승지 안경공이 진언을 했다.

간관의 뜻은 전하께 글을 읽게 하려고 함이 아니옵고, 정직한 사람들을 가까이 하여 바른말을 듣게 하려는 것입니다.

임금은 한 나라의 최고 지위였지만 지식까지 항상 높은 경지에 있을 수는 없었다. 그래서 신하에게 학문을 배워 부족한 부분을 채우고, 성군으로서의 자질을 더욱 연마해나갔던 것이다.

경연은 원래 중국 한나라 때부터 전해지던 전통이기도 하다. 우리나라의 경우 학문을 유난히 좋아했던 고려의 예종이 1116년 궁중에 청연각(淸讌閣)을 설치해 아침저녁으로 신하들과 더불어 토론을 한 것이 시작이었다. 그 후 공민왕이 처음으로 경연이라는 명칭을 사용했다고 전해진다.

임금으로서 아랫사람인 신하들에게 학문을 배운다는 것은 사실 쉽지가 않고 때로는 용기가 필요한 일일 수도 있다. 그런 측면에서 경연을 마다하지 않았던 임금들은 보다 큰 뜻을 지녔던 성품의 소유자라고 생각된다.

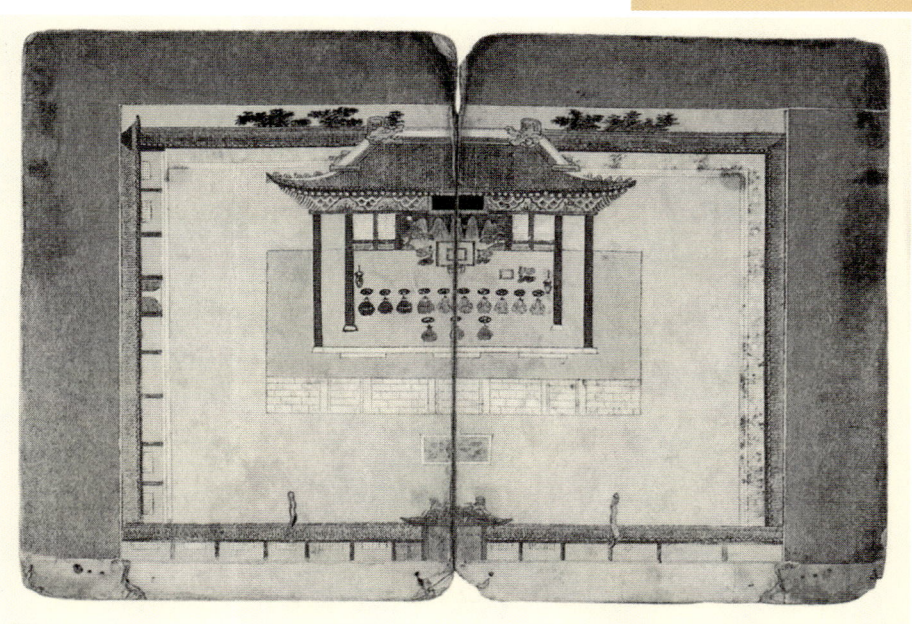

시경연 모습
영조17년 경희궁 경현당에서 열린 왕과 승정원 승지의 경연모습

휴식도 잠시

조선시대 임금들은 하루에 수라상을 두 번 접할 수 있었다. 경연이 끝난 상오 10시 무렵에 나오는 것이 첫 번째이고, 나머지는 오후 5시에 받게 된다. 그래서 임금들은 하루에 두 끼만 먹었다고도 알고 있는데, 사실은 아침 수라 전 자릿조반과 정오 무렵의 낮것상이 있어 공복감에 시달리지는 않았다. 정오 때 나오는 낮것상이 곧 점심식사가 되는 셈이다. 그러나 점심(點心)은 말 그대로 마음에 점을 찍는다는 것으로 여겨 간단히 미음이나 죽 등으로 해결했다. 그리고 저녁 수라 뒤에 야참이 나왔으니, 따지고 보면 하루에 다섯 번의 크고 작은 상이 차려졌던 셈이다.

오고(午鼓)가 궁중에 울리는데 정오를 알리는 북소리다. 궁궐 안에는 수천 명에 달하는 인원이 상주하고 있어 이들에게 시각을 알려주는 것도 중요한 일이었다. 임금은 다시 점심 경연에 참석해야 하며, 그 후 새로 등용된 관리에게 인사를 받거나 국가의 중대사를 논의하는 일을 한다. 또한 종묘와 능에 행차하여 제사를 올리고 대비 등 웃전의 생일이 있으면 잔치도 베풀어야 했다.

오후로 접어들면 잠시 휴식을 갖기도 했는데, 주로 피로를 풀거나 취미생활을 즐기는 시간이다. 말을 탄다거나 격구를 하고 왕비나 궁녀들과 투호를 즐기면서 잠깐의 휴식을 취했다.

개인의 성향에 따라서는 사냥을 즐기는 임금도 있었지만 상소문이나 건의문이 올라오면 이 역시도 오래 누릴 수가 없었다. 선천적으로 부지런한 성품을 타고난 임금이 아니면 벅찬 일정을 소화해낼 수 없었을 것이다.

쉬어도 쉬는 게 아니야

임금이 비로소 마음 놓고 쉴 수 있는 때는, 저녁 경연을 마치고 저녁 수라상까지 물린 채 대비에게 저녁 문안인사를 마친 뒤다. 만약 경연에 참석하지 않고 누워있거나 문안을 올리지 않으면 신하들이 시시콜콜 따지고 들어 추호의 빈틈을 보일 수가 없는 형편이었다. 사실 임금들은 꾀를 부리고 싶어도 그럴 수 없는 현실 속의 인물이었다. 임금의 하루 일과는 모두 사관에 의해 기록될 수밖에 없었기 때문이다.

그런데 이를 사생활을 침해받는 일로 여긴 연산군은 사관에게 특별지시를 내린 적이 있었다.

내가 두려워하는 것은 오직 사서(史書) 뿐이다. 오경 가운데 『춘추』를 보면 어버이를 위하는 사람은 은휘한다고 했으니 앞으로 사관은 시정만 기록하라. 임금의 일까지 세세히 기록하는 것은 마땅치 못한 일이로다. 최근 사관들이 임금의 모든 일들을 빠짐없이 기록하면서도 아랫사람들의 일은 감추고 기록조차 하지 않으니 죄가 아니고 무엇이던가.

그러자 승지 강혼이 아뢰었다.

『춘추』는 공자가 쓴 것으로 노(魯)나라는 부모의 나라이기에 어버이를 위하는 자는 은휘한다고 한 것입니다. 역사를 쓰는 사람은 마땅히 사실에 의거해 바르게 쓰되, 시정을 기록할 뿐 임금의 일을 쓰는 것은 옳지 못합니다. 전하의 하교가 지당하시다 사료되옵니다.

아무튼 대비 등 웃전에 저녁 문안인사를 마치면 하루의 일과를 갈무리 하게 되는데 대략 오후 9시 무렵이었다.

　이때부터 임금은 왕비 등과 오붓한 시간을 즐길 수 있었지만, 한 가지 갈등이 시작되는 때이기도 했다. 왜냐하면 정비 말고도 임금에게는 적지 않은 후궁들이 있었기에 누구와 시간을 보낼지 결정을 내려야했기 때문이다.

　그래서 조선시대 성군의 기준을 숙흥야매(夙興夜寐), 즉 아침에 일찍 일어나고 늦게 자며 늘 부지런히 일을 하는 것에 두었다. ✻

궁녀들에게 한글은 필수 과목이었다

조선시대 대표적인 한글소설을 꼽는다면 17세기에 등장한 허균의 『홍길동전』을 비롯해 김만중의 『사씨남정기』와 『구운몽』 등이다. 또한 『춘향전』, 『심청전』, 『흥부전』, 『장화홍련전』, 『토끼전』, 『콩쥐팥쥐』 등도 그 뒤를 이은 한글소설의 베스트셀러로 손꼽을 수 있다.

그런데 사실 한글소설 발전의 숨은 공로자들은 그 전부터 있었다. 15세기 한글을 계승하여 발전시키고 한글로 된 소설을 남기고 전수한 궁녀들이 그 주인공이다.

어린 나이에 궁궐에 들어온 나인들은 7세 무렵부터 기초적인 교양교육을 몸에 익혀야 했다. 이때 궁녀로서의 몸가짐과 궁중용어 등을 배우면서 글공부도 병행하였다. 『소학』과 『내훈』을 비롯해 『열녀전』과 『동몽선습』 등을 익혔고 글씨쓰기 연습까지 폭 넓은 교육을 받았다.

특히 견습나인에게 있어서 한글 궁체쓰기는 필수과목이었다. 그래서 이들이 남긴 여러 편지와 문서 등의 문체가 거의 동일하다는 점을 발견

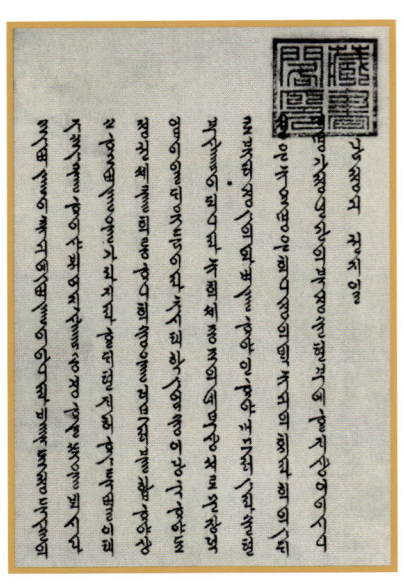

사씨남정기
조선 숙종 연간에 서포 김만중이 한글로 지은
고대소설, 처첩갈등을 다룬 가정소설이다.
국립중앙박물관 소장

할 수 있다. 바로 궁체라고 하는 하나의 글씨체를 탄생시킨 배경이 되었다.

이들은 왕대비와 왕비들의 글을 대신 써주거나 본인들의 문안편지를 쓸 때 이 궁체를 사용했다. 그래서 더욱 발전되었던 한글의 궁체는 한글 서예에 있어서 가장 중요한 서체로 자리매김을 할 수 있었다.

그 결과 궁녀들은 그 당시 사대부나 남성들이 멸시하던 한글을 갈고 닦아 뛰어난 궁중문학을 꽃피울 수 있었다. 궁녀들의 문장은 우아하고 유려해 인목대비의 비사를 담은 『계축일기』와 장희빈과 인현왕후를 다룬 『인현왕후전』 등의 뛰어난 문학작품을 탄생시켰다.

궁녀들은 훗날 많은 사람들에게 읽혀진 수많은 조선시대의 베스트셀러를 가능하게 한 장본인이다. ✽

왕실은 왕씨와 김씨를 꺼려했다

조선을 건국한 태조 이성계는 즉위 초, 고려 왕조의 성씨인 왕(王)씨를 가진 사람들을 배척하게 되었다.

그들 가운데 왕화·왕거 형제 등이 모반을 꾀한 일이 벌어졌다. 모든 신하들이 왕씨를 몰살해야 한다는 상소를 올렸고, 이성계는 더욱 불편한 심기를 드러낼 수밖에 없었다.

이성계는 왕씨들을 쫓아냈던 강화도와 강원도 삼척 그리고 거제도로 관리를 급파했다. 강화도에 있던 왕씨들은 강화나루에 던져져 목숨을 잃었고, 삼척에서는 폐위된 공양왕과 그의 아들마저 목이 달아났다. 또한 거제도에 있던 왕씨들도 강제로 바다에 수장되는 일이 벌어졌다.

태조 4년(1395)에는 아예 왕씨 성을 사용하지 못하게 했다. 고려 왕조 후손이 아닌 다른 왕씨들마저 어머니의 성을 따라야 하는 일까지 벌어졌다.

왕씨들은 신분을 감추고 산간벽지 등으로 숨어 들어가 玉 田 全 등의 새로운 성을 만들어 쓸 수밖에 없었는데, 모두 王자에서 획을 늘려 만든 것들이다. 이 가운데 玉은 왕씨의 씨를 전한다는 의미로 王자 위에 점을 찍은 것이고, 全은 사람의 왕이라는 의미로 王자에 人을 얹은 것이다.

왕씨 성을 꺼려하던 조선 이씨의 왕실에서 또 배척하던 성이 있었는데 바로 김(金) 씨였다.

특히 임금을 모셔야 하는 궁녀들 가운데 김씨를 꺼려했다. 금극목(金克木)이라고 해서 김씨 성을 가진 사람이 목(木)성인 이(李)씨에게 해를 준다는 이유였다.

그런데 아이러니하게도 선조가 여섯 명의 후궁 가운데 가장 총애하던 여인이 인빈 김씨였다. 또한 공빈 김씨와 순빈 김씨 역시 선조의 후궁이었다.

숙종 1년(1675)에도 김씨에 대한 견제가 있었는데, 숙종의 어머니인 명성왕후도 예외는 아니었다. 명성왕후 김씨는 아들인 숙종에게 올리는 수라상마다 먼저 맛을 보았다. 그러자 인조의 손자이자 인평대군의 차남인 이남은 자신의 계략이 성사되지 못할 것 같아 김씨를 미워하게 되었다. 그래서 점쟁이를 시켜 궁궐에 들어와 이렇게 말하도록 사주를 했다.

쇠는 나무(木)를 이긴다고 했는데 자전(임금의 어머니)의 성이 김(金)이다. 그러므로 자전이 임금과 함께 한 궁에 사는 것은 길하지 못하다.

그런데 왕조 이씨들은 훗날 이조(李朝), 즉 이씨 조선이라고 불리게 될

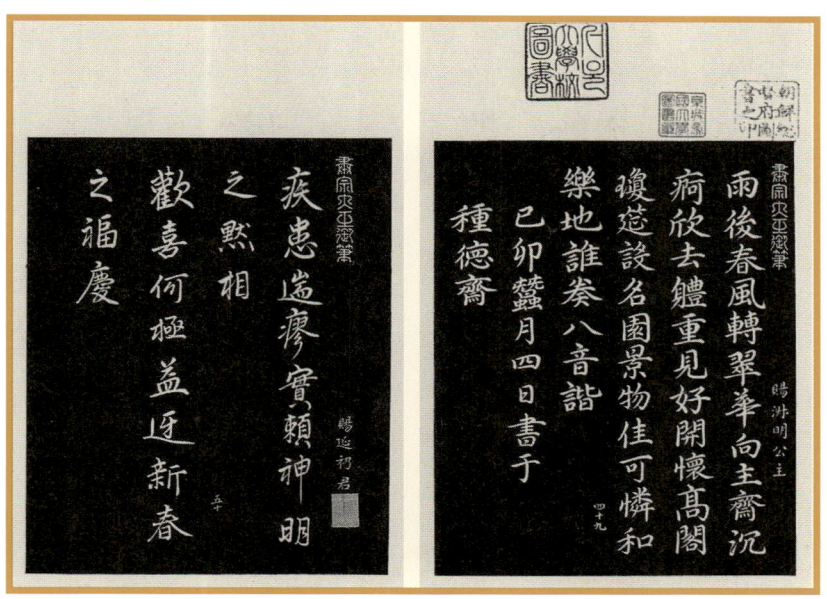

숙종 임금이 쓴 글씨
숙종이 공주, 왕자, 신하들에게 내린 친필 시문을 음각하여 간행한 어필첩   규장각 소장

줄은 몰랐을 것이다. 물론 현재는 단군의 조선과 구별하기 위해 사용하기도 한다지만, 일제가 조선을 격하시키기 위해 만들어낸 것이니 결코 유쾌한 일만은 아니다. ✽

정치의 한복판에는 화재사건이 있었다

조선시대의 화재사건은 나라를 뒤흔든 여러 난(亂) 만큼이나 골치 아픈 일이었고 대수롭지 않게 넘길 사건은 아니었다.

궁궐 안이든 사대문 밖 혹은 먼 지방이든 그 당시 화재는 임금들에게 있어서 마음의 짐이었다. 임금으로서의 자질이 부족하거나 국운이 다해서 일어나는 일로 여겼기 때문이다. 또한 반역의 시작을 알리는 것이 대부분 방화였던 점을 감안한다면, 화재소식을 접할 때마다 임금의 심적 무게는 결코 가볍지만은 않았다.

1년이 넘도록 천주교도를 박해한 결과 노론벽파 중심의 조정을 세울 수 있었던 사람이 영조의 계비 정순왕후 김씨였다. 하지만 김씨에게도 화재는 예사롭지 않은 일이었다. 조정을 이끌어가던 김씨는 순조 3년 (1803) 마침내 수렴청정을 거두게 되었는데, 곳곳에서 쉬지 않고 발생한 화재사건 때문이었다.

순조가 즉위를 하자 국운이 다했다는 것을 의미하는 것인지 각처에서 대형 화재사건이 일어났다. 평양부와 함흥부에서 연이어 큰 화재가 발생하더니 창덕궁 선정전도 화염에 휩싸이는 일이 벌어졌다. 그리고 또 며칠이 지나지 않아 장안의 종루 거리에서도 화재가 발생했다.

연이어 발생한 화재로 민심은 흉흉해졌고, 모든 것이 자신 때문이라고 여긴 김씨는 선수를 치듯 수렴청정을 거둔다는 하교를 내렸다.

지나온 날을 돌이켜보면 국사에 조금의 도움도 되는 일이 없었고, 책임에 응당 부응하지 못하여 허물만 쌓였도다. 백성들이 곤궁에 처한 것도 나의 허물이오, 조상이 해이해진 것도 나의 허물이며, 세도가 안정되지 못한 것도 곧 나의 허물이다. 이로 인해 하늘이 재앙을 내린 것이니 농사는 흉년으로 백성들은 굶어야 하는 형편이다. 또한 초여름 서북에서 며칠 사이 화재가 잇달아 일어났고 지난달에는 사고가 불에 타버렸다. 여러 재앙도 부족하여 또 수백 년 동안 임금들이 나와 조회를 했던 정전(正殿)마저 순식간에 잿더미가 돼버렸으니 이 모두가 부덕한 몸으로 앉은 지위에 너무 오랫동안 연연했기 때문이다. 그리하여 오늘부터 수렴청정을 거두고……

고종 21년(1884)에는 화재가 당파간의 권력다툼에 이용되었다.

정권에서 밀려나기 시작한 급진개화파들은 명성황후 민씨를 비롯한 친청 수구세력들을 조정에서 몰아낼 계획을 세웠다. 그들은 우체업무 담당 관청인 우정총국의 개국 축하만찬회 때 "불이야!"라는 외침이 들리면 거사를 하기로 약속을 했다.

만찬회가 거의 끝나갈 무렵 불이 났다는 다급한 외침이 터지자 순식간에 아수라장으로 변했다. 황급히 밖으로 뛰쳐나가던 민씨 척족의 거

덕수궁 함녕전
고종 황제가 거처하던 황제의 생활공간. 광무 1년(1897)에 지었는데 광무 8년 불에 타 지금의 건물은
그해 12월에 다시 지었다.

두 민영익은 문밖에서 기다리고 있던 자객의 칼에 쓰러졌다. 민영익은
온몸에 자상을 입어 목숨이 위태로웠지만 홍영식의 도움으로 치료를 받
고 회복될 수 있었다. 한편 거사를 주도했던 김옥균과 박영효 그리고 서
광범 등은 창덕궁으로 달려가 고종을 경운궁으로 옮기고 원로대신들을
죽인 뒤 새 내각과 구성원을 발표했다.

고종 41년(1904)에는 덕수궁 함녕전이 불에 타 이듬 해 다시 짓기도 했
다. 덕수궁 부근을 일순 불바다로 만든 화재의 근원이 함녕전인데, 일본
측에서는 온돌을 수리하는 과정에서 생긴 사고라고 보도했다.

또한 순종 11년(1917)에는 창덕궁에서 대형화재가 발생하였다. 서편에

있는 나인들이 옷을 갈아입는 장소인 갱의실에서 일어난 불은 대조전을 포함해 내전의 대부분을 태웠다.

그런데 이러한 화재들이 단순한 실수로 벌어진 것이 아니라, 일본인들에 의한 고의적인 방화로 추정되고 있다. ✳

임금의 식수는 따로 있었다

조선시대 임금들에게는 전용 식수가 따로 있었다.

조선시대 전기부터 임금들이 사용하던 전용 우물인 어정(御井)에서 길어온 물만 마시고 사용했다.

임금의 전용 우물 어정은 철저한 관리와 감독 아래 유지될 수밖에 없었다. 민간에서 여러 사람들이 공용으로 사용하는 우물과는 달리 청결을 우선시해야 했다. 특히 임금 이외에는 사용할 수 없다는 철칙이 무엇보다 강조되었으며, 이를 지키기 위한 인력과 노력도 적지 않았다.

조선시대 전기에는 어정이 궁궐 안이나 가까운 곳에 있지 않고 민간에 있었다. 그래서 비교적 먼 곳까지 가서 물을 길어 와야 하는 번거로움 때문에 문제가 불거지기도 했다.

태종 15년(1415) 어정의 물을 쓰지 않은 일로 인해 환관 이촌이 의금부에 갇히게 되었다. 어수(임금이 사용하는 물)를 책임진 주방의 수부가 가까운 곳에 있는 다른 물을 대신 올렸는데, 이 사실을 보고 하지 않은 이촌

종묘어정 종로구 훈정동 종묘공원에 있는 조선 초기의 어수정(御水井). 유일하게 사대문 안에 보존되어 있는 우물

이 치도곤을 맞게 된 것이다.

하지만 태종은 오히려 먼 곳까지 가서 물을 길어 와야 하는 수부들의 입장을 헤아렸다.

어정이라고 하지만 마을의 거리 한가운데 있어서 사실 깨끗하지 못하다. 또한 반드시 물을 가려먹어야 할 이유가 있겠는가? 대궐 안에 우물을 하나 파서 쓰면 각전의 수부들이 사라질 것이다.

현재 종로구 종묘공원에 조선시대 전기의 어정이 있는데, 사대문에 현존하는 유일한 우물이다. 임금이 종묘에 행차할 때도 목이 마르면 이 어정의 물을 마셨다. 아무리 가뭄이 심해도 늘 일정한 수위를 유지한다고 해서 백성들이 용왕제를 지내기도 했다.

둥근 모양을 하고 있는 어정의 깊이는 약 8m이고 지름은 1.5m 정도이다. 화강암으로 된 정사각형 및 직사각형 마름돌을 사용했으며, 각 단마다 반달 모양으로 마름돌을 둥글게 맞춰 다른 석축을 튼튼히 지탱할 수 있게 했다. 우물 윗부분에는 사각형의 섬돌이 우물 정(井)자 모양으로 놓여 있다.

그런데 최근에 창덕궁 후원에 있는 연못인 부용지 주변에서 어정 2개가 발굴되었다. 5m의 간격을 두고 거의 완벽한 모습으로 드러났는데, 하나는 세조 때 팠던 4개 가운데 하나이고 나머지는 숙종 때 보수해 사용했던 것으로 추정하고 있다.

그 당시 궁궐 안에 어정이 생겨 수부들은 먼 곳까지 가야하는 수고만큼은 덜었을지도 모른다. 하지만 어정을 지키기 위한 노력은 계속되었다. *

궁궐 안에 차를 마시는 다방이 있었다

태조 이성계는 즉위하자 경복궁 내에 다방(茶房)을 설치했다.

다방은 이조가 관할하는 관청으로 언제든지 차를 마시고 싶을 때 이용할 수 있는 다례를 담당하는 곳이었다. 이성계의 부름이 없거나 평소 때는 사신들의 접대와 꽃, 과일, 술, 약, 채소 등을 관리하는 것이 다방의 역할이기도 했다.

우리나라가 차를 마시기 시작한 것은 오래 전으로 이미 신라시대 때부터 그 기록이 남아있다. 신라 선덕여왕 때 당나라에서 가져온 차나무 씨앗을 심은 것이 시발점이었다. 그러나 처음에는 차를 단순한 기호품이 아닌 제물의 하나로 사용했다. 그 후 고려시대 때는 차를 불교의식에 필수적인 것으로 여겼고, 처음 다방이라는 정식 관청을 두었다.

고려시대에는 차를 즐기던 문화가 보다 널리 퍼져 왕실과 귀족은 물론 사찰에서도 성행하였다. 특히 승려들은 다도의 정신을 도를 수행하는 방법과 일치한다고 믿었다. 또한 민간에서도 차점이라는 가게를 두

SONTAG HOTEL Seoul, Korea.   J. BOHER Proprietor.

손탁호텔
1902년 손탁이 세운 한국 최초의 서양식 호텔. 1층은 보통실과 식당,
2층은 귀빈실로 이루어졌으며, 이곳에서 최초로 커피를 팔기 시작했다.

어 차뿐만 아니라 술도 함께 팔았다.

고려시대에 차가 성행할 수 있었던 것은 단순히 기호품이 아닌 약으로도 여겼기 때문이다. 그래서 차를 탕이나 차탕으로 불렀다. 고려시대의 청자가 발달한 것도 이처럼 차 문화와 연관이 깊다는 견해가 있는데, 도자기가 제기와 다기에 많이 쓰였기 때문이다.

조선시대 전기에는 고려시대의 차 문화를 그대로 이어 임금은 물론 누구나 즐기는 분위기였다. 다방이 새롭게 각광을 받는 관청으로 자리 잡은 것도 그것을 부추기는 요인이 되기도 했다. 신입 관리의 경우 반드시 이곳을 거쳤는데 임금의 총애를 받는 자리였기 때문이다. 태조는 특별히 다방에 새로 임명되는 신참들에 대한 과도한 신고식을 하지 말라는 지시를 내릴 정도였다. 또한 수령을 다방 출신의 관리 가운데서 선발하자 신진관료들이 가장 선호하는 부서가 될 수밖에 없었다.

각 관청에는 다모 혹은 차모라 불리던 차 심부름을 담당하는 여성을 두었다. 다모가 생긴 것은 한양의 각 관청에서 하루의 업무가 끝날 무렵이면 함께 모여 차를 마셨기 때문이다. 이를 다시(茶時)라고 하는데 이때 많은 사람들이 모이게 되자 누군가 차 심부름을 해줄 사람이 필요하였다. 원래 다모는 서민층에서 선발하는 것이 상례였지만 의녀 가운데 성적이 좋지 못한 여성에게도 그 역할을 대신하게 했다. 한편 다모는 그 후 조선시대 후기로 가면서 음식조리 등의 잡일을 하는 찬모와 구별 없이 그저 단순한 관비로 퇴색하였다.

불교에 대해 비교적 관대했던 임금들의 권장에 힘입어 활발하게 행해지던 차 문화는 중기부터 쇠퇴의 길로 접어들었다. 숭유억불 정책과 성리학의 지배로 차와 함께 다방이 사라지고 다모도 그 역할이 변하게 되었다.

차를 대접하던 문화가 차츰 술로 바뀌어 주점이 발달하는 결과를 낳았다. 그러나 이미 민간에 깊이 정착된 차 문화를 근절시킬 수는 없었다. 결국 세금을 부과하는 정책을 쓰게 되었는데, 그 결과 차는 기호품이 아닌 사치품이 돼버렸다. 사찰의 승려들은 높은 세금이 무서워 차를 마시다가도 낯선 사람이 나타나면 몰래 감추기도 했다.

정작 궁궐에서도 다시가 사라지지 않고 있었는데, 이는 겉으로는 부정하면서 안으로는 유지하며 즐기는 이중된 모습을 드러냈다. 임진왜란 때 명나라의 한 장수가 조선에서는 왜 차를 마시지 않느냐며 물은 적이 있는데, 이때 선조는 '원래 차를 마시지 않는 것이 조선의 풍속이다' 라며 부인하였다.

차를 마시는 문화가 다시 꽃피우게 된 것은 1800년대에 들어서 다산 정약용과 김정희 등 몇몇 문인들에 의해서 이다. 김정희의 친구인 일지암의 승려 의순(초의선사)의 다도를 시로 설명한 「동다송(東茶頌)」을 지었다. 한편 고종 18년(1894) 갑오개혁 이후에 궁궐에서 풀려나온 궁녀들이 차 마시는 풍습을 민간에 전파시킨 것도 한 몫을 했다는 견해도 있다. 그때부터 다시 차를 대접하는 문화가 서서히 활발해졌고, 차를 파는 곳들도 생겨났다.

우리나라에 커피가 처음 들어온 것은 그 다음 해의 일이다. 또한 근대식 형태를 띤 다방은 1902년에 등장했다. 독일 국적의 여성 손탁이 정동에 손탁 호텔을 세우고 이곳에서 커피를 팔기 시작한 것이 최초이다. ✷

얼음은 최고의 사치품이었다

조선시대에도 여름에 얼음 맛을 볼 수 있었는데, 겨울에 채취한 것을 오래 저장할 수 있었기 때문이다. 태조 7년(1398) '비로소 얼음이 두껍게 얼어 저장했다'는 기록이 있는 것을 봐서 그 역사는 오래 되었다.

겨울이 끝나기 전인 2월 말이나 입춘 전에 한강이 꽁꽁 얼면 두께 14cm 이상의 얼음을 톱으로 썰어내 얼음 창고에 보관했다. 그 해 봄부터 여름까지 궁궐에서 쓰거나 중앙의 고위관리들에게 나눠주기 위해서인데, 이를 관리하기 위한 장빙고(藏氷庫)라는 기구가 있었다.

장빙고에서는 채취한 얼음을 궁궐의 얼음 창고인 내빙고와 한강 동쪽에 있던 동빙고 그리고 서쪽의 서빙고에 각각 저장했다. 얼음 창고가 제 기능을 발휘하기 위해서는 적절한 온도를 유지해야만 했다. 겨울의 막바지라도 추위가 지속되어야 했다. 그래서 포근한 겨울에는 추워지라고 기한제(祈寒祭)를 올렸다.

세종 2년(1420) 11월 '이 달에는 얼음이 얼지 않았다'는 기록이 있는

석빙고 내부
경남 창녕군 영산면 교리에 위치한
얼음을 저장했던 창고인 영산 석빙고의 내부 모습

것으로 보아 그 당시 얼음도 한 해의 농사처럼 소중하게 여겼던 것으로 추측된다. 그래서 세종은 그 해 12월 얼음 저장을 담당하는 장빙군(藏氷軍)에게 격려하는 의미로 술 2백병을 하사하였다.

얼음이 귀한 시절이었지만 상대적으로 왕족들은 예외였다. 세종 3년(1421)의 기록을 보면 '양녕대군 이제(李禔)에게 얼음을 주되 매일 한 덩어리씩 5월에서 7월까지만 주고 그 후로는 금하게 하라'는 대목이 있다.

하지만 얼음 구경을 한다는 것은 일반 백성들에게는 언감생심이었다. 벼슬을 지닌 사람도 2품 이상이 되어야 복날에 임금에게 겨우 얼음 한 덩어리씩을 하사받을 수 있었다. 얼음을 하사받은 벼슬아치들은 대개 관혼상제에 필요한 음식을 마련하거나 그것을 유지하는 데 사용했다. 결과적으로 얼음은 귀한 것이 되었고 사치품처럼 취급될 수밖에 없었다. ✻

사람 사는 곳에 함께 피던 꽃 동성애

　박지원의 『열하일기』에 보면 '청나라 상인들과 미소년들이 거래를 통해 동성애를 한다'는 기록이 있다.

　하지만 이는 18세기 정조 때의 중국 기행문집이고 조선의 사정에 대해서는 언급되어 있지 않다. 그렇다고 조선시대에 동성애가 없었던 것은 아니다. 조선시대는 물론 그 이전인 신라시대와 고려시대 임금 가운데 동성연애자가 있었다는 기록도 보인다.

　최초로 언급된 사람은 신라 제36대 임금인 혜공왕이다. 『삼국유사』에 '혜공왕은 여인처럼 옷을 입고 행동하기를 즐겨하여 신하들이 논의 끝에 원래 여자였는데 남자의 몸으로 태어나 임금이 된 것이니 불길하여 죽였다'는 내용이 있다. 또한 화랑들 사이에서 동성애가 공공연하게 행해졌다는 기록도 향가에 간혹 보인다.

　신라 제38대 임금인 원성왕 시대에도 묘정이라는 미소년이 있어 고관들의 사랑을 한 몸에 받았다. 묘정은 용모가 출중하여 신라뿐만 아니라 중국에까지 그 소문이 날 정도였다. 그래서 당나라 황실에 들어가 황제의 총애를 받는 남첩이 되었다는 말도 있다.

고려시대도 예외는 아닌데 그 대표적인 사람이 고려 제31대 임금인 공민왕이다. 공민왕은 평소 여인의 옷을 입고 치장하기를 좋아했으며, 귀족 출신 미청년들과 동성애를 즐겼다.

몽골 출신의 왕비인 노국공주가 죽자 공민왕은 여색을 멀리하였다. 그러다 공민왕 21년(1372) 귀족 출신들 가운데 용모가 뛰어난 청년들을 선발해 자제위라는 근위대를 만들어 곁에 두고 총애하였다. 그 가운데 홍륜, 권진, 노선, 한안, 홍관 등이 가장 총애를 받아 매일 밤 시중을 들었다. 하지만 홍륜이 공민왕의 후궁 익비를 임신시키는 일이 벌어지고 말았다. 결국 공민왕은 홍륜을 없애려고 했지만 오히려 그의 무리들에게 의해 죽임을 당했다.

경기체가 『한림별곡』을 보면 미소년인 '정소년과 함께 그네를 타고 즐기며, 남의 방해를 받지 않고 손을 잡은 채 소풍을 가고 싶다'는 내용의 노래가 등장하기도 한다.

조선시대로 접어들면서 동성애는 엄격한 규제를 받았고 죄로 취급되어 형벌까지 감수해야만 했다. 동성애를 일반 성범죄보다 중한 것으로 여겨 중국의 대명률에 의거해 처벌하는 것을 원칙으로 삼았다. 조항이 없는 경우에는 부례조항까지 만들어 대처하기도 했다. 동성애를 행한 자는 죄질에 따라 태형, 도형, 유형은 물론 사형에까지 처해졌다.

하지만 엄격한 처벌에도 불구하고 조선시대 전기부터 동성애에 대한 잡음은 불거졌는데, 세종 때 있었던 세자빈 봉씨의 일화가 그 대표적인 예다. 세종 18년(1436) 폐출당한 봉씨의 여러 부도덕한 죄목 가운데 하나가 동성애였다.

세종이 세자빈을 폐출시킨 것은 평소 동성애에 대한 확고한 신념 때문이었다. 세종은 그 전에도 궁궐 안에서 벌어졌던 동성애에 대해 엄격한 조치를 취한 바가 있다.

시녀와 여종 등이 사사로이 서로 좋아하여 동침하고 자리를 같이 한다고 해서 분노를 느껴 궁중에 금령을 엄하게 세웠다. 이를 범하는 사람은 여관이 잘 살펴 아뢰게 해서 장 70대를 집행하게 했다. 그래도 쉽게 근절되지 않으면 장 100대를 더 집행하기도 했는데, 그런 뒤에야 그 풍습이 조금 수그러들게 되었다. 내가 이러한 풍습이 있음을 미워하는 것은 아마 하늘에서 내 마음을 인도하여 그리 된 것이리라.

하지만 궁녀들 사이에서 동성애가 근절되지 않자 세종은 『삼강행실도』를 배포하였다. 세종 13년(1431) 집현전 부제학 설순이 세종의 명을 받아 편집한 것인데, 그러나 미봉책에 불과할 뿐 궁녀들의 마음을 쉽게 제어할 수는 없었다.

그런데 세종의 신념에 정면으로 도전장을 내민 것이 바로 며느리인 봉씨였다. 봉씨와 동침을 했다고 알려진 여종 소쌍은 원래 승휘 권씨(단종의 어머니 현덕왕후)의 사비인 단지와 은밀한 관계를 맺고 있던 사이였다. 그런데 봉씨와도 그런 소문이 나자 세종이 직접 소쌍을 불러 물었다.

그 후 명백한 증거가 드러났는데도 봉씨가 변명으로만 일관하자 세종

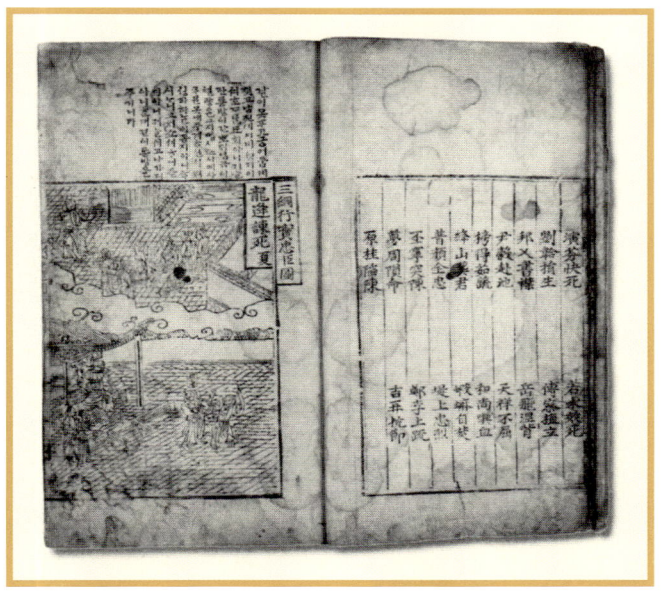

삼강행실도
조선시대 윤리와 의례에 대하여 엮은 도덕서
국립민속박물관 소장

은 용서할 수 없었다. 봉씨는 친정으로부터 자결할 것을 강요당해 결국 스스로 목을 매고 말았다. 친정아버지 역시 자결을 했는데, 졸지에 한 집안이 풍비박산이 난 결과였다.

궁궐 안에서 거의 한평생을 살아야 하는 궁녀들 사이에서 동성애가 자주 벌어졌던 것만은 사실이다. 임금만을 바라보며 살아가던 궁녀들은 성은을 입지 못할 경우 다른 방법이 없어 자연스럽게 동성애에 빠지기도 했다. 당시 궁녀들 사이에서 벌어진 동성애를 마주 앉아 먹는다는 뜻의 대식(對食)이라 불렀다.

궁녀들은 보통 한 방에서 소속이 다른 한 사람과 함께 거처하는 것이

상례였다. 이때 두 사람은 엉덩이에 붕(朋)이라는 글자로 문신을 한 채 서로를 벗 또는 말동무라 부르면서 동성애를 즐겼다.

실록에는 동성애의 해당자가 여성에 치중되어 있고, 주로 궁궐 내에서 벌어진 일들만 다뤄질 수밖에 없었다. 하지만 민간에서도 분명 동성애는 존재했고 남성 간에도 벌어졌다.

특히 민담에서 그 기록들을 간혹 찾아볼 수 있는데, 대부분이 남사당패에 관련된 것이다. 이처럼 동성애는 신분이나 계급과는 상관없이 사람 사는 시대에 공존했다. ✳

격구로 건강을 유지했던 정종

정종은 경연에서 지경연사(경연청 정2품) 조박에게 자신이 격구를 즐기는 이유를 말한 적이 있었다.

"짐이 병 때문에 이따금 팔과 다리가 저리고 아파서 혈액순환을 위해 격구를 하는 것이다."

조박은 그런 정종의 뜻을 헤아려 만류하지 않았지만 한 가지 당부의 말은 잊지 않았다.

"다만 환시(내시)나 간사한 소인배들과는 함께 하지 마소서."

삼국시대부터 조선시대에 이르기까지 널리 즐겼던 민속놀이 가운데 하나가 격구이다. 타구(打毬), 포구(抛毬) 혹은 장치기라고도 하는데, 현재의 골프나 하키를 연상하면 된다. 말을 타고 하는 기마격구와 궁궐의 뜰이나 넓은 마당에서 하는 보행격구가 있다.

격구는 1m 정도 되는 끝이 구부러진 나무채로 공을 치는 놀이이다. 공은 소나무의 옹이진 부분이나 박달나무처럼 단단한 재료를 둥글게 깎

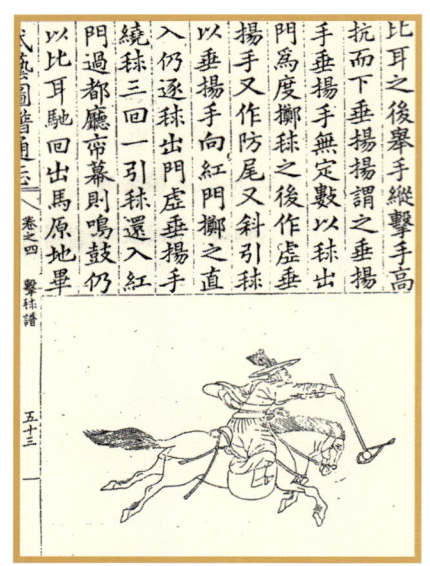
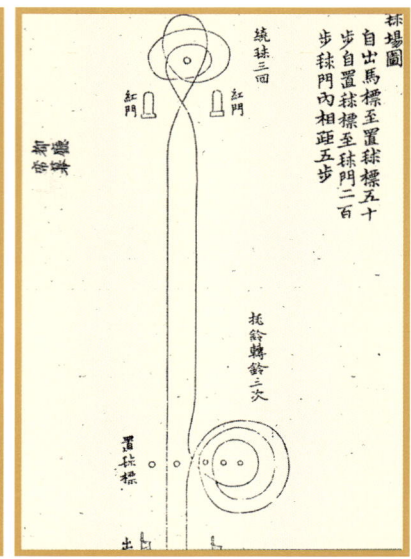

격구도　　　　　　　　　　　　　격구장

아 만든다. 잔디밭이나 공터 한가운데 공이 들어갈 정도의 구멍을 파놓고 양편으로 10명 정도씩 나누어 경기를 한다. 공을 쳐서 상대방 쪽으로 많이 넘기는 편이 승리하는데, 가운데 파놓은 구멍에 공을 놓은 상태에서 시작하게 된다. 또 누군가 공을 공중으로 던져 떨어질 때를 신호로 시작하는 방법도 있다.

일반 백성들 사이에 보급되어 유행되기 전에는 군사들을 위한 훈련 목적으로 행해지던 것이 격구였다. 임금을 비롯한 조정의 대신들이 즐길 수 있는 여가용 혹은 사교용 놀이이기도 했다. 또한 평소 건강을 위한 체력보강과 단련의 목적으로도 활용되었다.

정종은 조선 임금 중 제일이라고 할 정도로 평소 격구를 유난히 즐겼는데, 시간이 날 때마다 하려고 하자 처음에는 환영하던 조박도 차츰 우려의 목소리를 내기 시작했다. 그래서 정종 1년(1399) 경연을 끝낸 정종이 또 격구를 하려고 하자 조박이 과도하게 하지 말 것을 진언했다. 일단 조박의 충고를 받아들였지만 정종은 다음날부터 이틀간 연이어 격구를 즐겼다.

그 후 다시 조박이 진언을 하자 정종은 자신이 격구를 하는 이유에 대해 더욱 힘주어 말했다.

과인은 본래 병이 있어서 잠저 때부터 밤이면 마음속으로 번민하여 쉽게 잠들지 못해 항상 늦게 일어났다. 그래서 여러 숙부와 형제들로부터 게으르다는 소리를 들었다. 즉위한 이래로 경계하고 삼가는 마음을 품어서 병이 있는 것을 알지 못했는데, 최근에 다시 병이 생겨 마음과 기운이 어둡고 나른하며 피부가 날로 여위어진다. 또 내가 무관의 집에서 자랐기 때문에 말을 타고 산길을 달리며 물가에서 자는 것이 습관이 되어있다. 그래서 오래 들어앉은 채 나가지 않으면 반드시 병이 나 격구라도 하면서 기운과 몸을 기르는 것이다.

결국 조박은 정종의 말에 아무런 반박도 할 수 없었다.

그 후 정종은 보다 자유로운 상태에서 격구를 즐길 수 있었고, 날마다 함께 격구를 해온 조온, 정남진, 조진 등에게 각각 말 한 필씩을 하사하였다. *

국호를 왜 조선이라 지었는가

자식의 이름을 짓는 데도 온갖 정성을 다했던 것이 우리의 선조들이었다. 그럼에도 불구하고 한 나라의 국호를 짓는데 소홀했던 임금이 있었으니 바로 태조 이성계이다.

이성계는 차차 새 왕조의 기틀이 갖추어지자 정도전, 조준 등의 건의를 받아들여 국호를 바꾸기로 결심하였다.

그 몫을 정도전이 떠안을 수밖에 없었는데, 그 역시 만만찮은 고민 속에 시달려야 했다. 그저 쉽고 편하게 나라를 세운 황제의 성을 따라 한 글자로 국호를 짓는 중국을 흉내 낼 수도 없는 노릇이었다. 중국의 전통을 따르겠다는 명분으로는 충분했지만, 명나라의 심기를 건드리는 일이 될 수도 있었기 때문이다.

국호를 정할 때 명나라의 입김을 무시한 채 결단할 수도 없는 입장이었다. 왜냐하면 명나라에서는 아직 고려를 딛고 일어선 이성계를 인정하지 않기 때문이다.

태조 1년(1392) 이성계는 즉위한 바로 다음 날 명나라로 사신을 보냈다. 새 왕조를 승인하는 명나라 황제의 조서를 받기 위해서였다.

마침내 그 해 11월 명나라 태조 주원장으로부터 국호를 지어 올리라는 지시를 받은 이성계는 곧 원로와 백관들을 불러 의논하도록 명했다. 그 결과 조선과 화령이라는 두 개의 이름이 후보로 오르게 되었다.

조선은 단군 조선, 기자 조선, 위만 조선에서 따온 것이다. 역사적인 맥을 잇는다는 의미에서 조선은 나름대로 정통과 명분이 서는 이름이기도 했다. 더군다나 아침 조(朝)에 새로울 선(鮮)이니, 새로운 아침의 의미가 있었다. 반면에 화령은 이성계가 태어난 현 함경남도에 위치한 영흥의 옛 이름이다.

이성계는 예문관 학사 한상질(한명회의 조부)을 다시 명나라로 보내 그 가운데 하나를 국호로 택해줄 것을 부탁했다. 그러자 주원장은 조선을 선택하며 다음과 같은 조칙을 내렸다.

동방의 족속 국호로는 조선이 좋은데 이는 오랫동안 지속되어 온 이름이다. 이 이름을 본받고 하늘의 뜻을 받들어 백성을 다스려 후손 대대로 번성하게 하라.

그런데 국호를 조선으로 결정하는 데 있어서 조선과 명나라의 시각은 달랐다. 조선에서는 처음부터 단군조선과 기자조선의 문화와 전통을 동시에 계승한다는 의도였다. 반면에 명나라는 기자조선만을 의식한 채 조선을 선택했던 것이다.

명나라는 『한서지리지』에 등장하는 은나라 때 현인인 기자를 염두에 두고 있었다. 기자가 조선으로 망명하여 백성을 교화시키자 주나라 무왕이 그를 조선의 제후로 봉했었다. 그래서 주원장은 조선을 중국의 제후국이라고 폄하하여 그렇게 결정했던 것이다.

정도전은 조선이라는 국호에 만족했는데, 그 역시 주나라 무왕이 기자를 조선의 왕으로 책봉했던 일을 떠올렸기 때문이다. 정도전은 무왕을 주원장으로, 기자를 이성계로 비유해 내심 흡족해하기도 했다.

그래서 정도전은 태조 3년(1394) 태조에게 지어 올린 법전 『조선경국전』에 자신의 견해를 피력하기도 했다.

> 지금까지 국호가 일정하지 않았는데, 신라는 김·박·석의 세 성씨가 일컬은 것이고, 백제는 온조가, 훗날의 후백제는 견훤이 정한 것이다. 또한 주몽은 궁예를 대신해 고려라는 국호를 사용했지만, 이 모두 한 지역을 마음대로 차지한 채 중국의 명을 받지 않고 스스로 명분을 세워 서로 침략한 결과이다. 결국 국호는 있었다지만 무슨 근거로 나라라고 부를 수 있겠는가? 그러나 기자만은 주나라 무왕의 명을 받고 조선의 왕에 봉해진 것이다.

정도전의 말대로 그 전까지는 모두가 중국의 명을 받지 않고 국호를 정했다. 하지만 역설적으로 역사상 중국의 선택에 따라 국호가 정해진 것은 조선이 유일하다는 뜻과 같다.

그 후 조선은 나름대로 각 분야에 독창적인 발전을 꾀하며 입지를 다질 수 있었지만, 그 국호만큼은 사대주의적인 의식에서 출발한 것이라고 볼 수 있다. *

대문 옆에 화장실이 있었다

조선시대 화장실인 뒷간은 밥을 짓는 부엌이나 잠을 자는 방과는 가급적 먼 곳에 위치한 것이 대부분이었다.

대문을 열고 들어서면 한쪽 구석에 가장 먼저 눈에 띄는 것이 뒷간이었다. 대문에 근접한 위치지만 먹고 자는 공간을 중심으로 한다면 가장 먼 곳에 있는 셈이다. 또한 사랑채 옆에 두기도 했는데 이 역시도 본채와는 먼 곳이라는 점에서 같은 맥락으로 볼 수 있다. 뒷간을 가급적 먼 곳에 두었던 이유는 악취로부터 벗어나기 위해서였고, 또한 위생상 어쩔 수 없는 최소한의 대책이었다.

남녀의 구별이 엄격한 양반, 특히 도성 내의 사대부집의 경우는 사정이 조금 달랐다. 서로 마주치는 일이 없도록 남성 전용의 바깥 뒷간과 여성 전용의 안쪽 뒷간을 각각 설치하기도 했다. 바깥 뒷간은 사랑채 주변의 행랑이나 대문 옆에 두었다. 이때 주인과 손님이 쓰는 것과 아랫사람들이 쓰는 것을 따로 구분하여 2개를 설치하기도 했다. 반면 안쪽 뒷간은 안채에서 조금 떨어진 시선이 잘 미치지 않는 곳에 두거나 아예 독채로 따로 지어 사용하기도 했다.

조선시대 민간에 있던 뒷간의 출입구는 잠금장치는커녕 문조차 달려 있지 않은 것이 대다수였다. 가마니로 대충 막아놓거나 심지어 그대로 노출된 상태에서 볼일을 보기도 했다. 벽도 예외는 아니어서 나무 등으로 얼기설기 엮어 안이 훤히 보이거나 허물어진 토담 그대로를 방치한 채 사용했다. 지붕마저 덮지 않은 것이 대부분이었는데, 이는 모두 자연 통풍이 되도록 하기 위해서였다.

특히 농촌의 뒷간에는 전국 어디서나 예외 없이 지붕을 얹지 않았다. 장마철에는 많은 비가 내려 분뇨가 흘러넘쳐도 대수롭지 않게 여겼다. 이는 분뇨가 농사에 필요한 소중한 거름이라는 정서 탓이었고, 빗물로 인해 뒷간이 자연적으로 청소가 된다고 생각하였다.

조선시대 뒷간과 연관된 재미있는 일화도 전해진다.

태조 이성계가 조선을 개국한 바로 직후의 일이다. 그 시절 개경(개성) 사람들 사이에는 이성계가 임금이 된 것을 못마땅하게 여기는 풍조가 만연했다. 이성계가 직무를 보던 곳이 수창궁 내 서쪽에 있는 서각(西閣) 이었다. 그런데 어느 날부터인가 개경 사람들이 자신의 집 뒷간을 서각 이라 부르기 시작했다. 이성계가 있는 서각을 더럽고 냄새가 나는 곳이라 여겼던 개경 사람들의 해학이었다.

그렇다면 궁궐에서의 화장실 형태는 어떠했을까.

일단 임금과 왕비의 경우 소변은 '지'라고 하는 요강에 해결했다. 대변은 매우통이라는 이동식 변기를 사용했는데, 매회틀 혹은 매화틀이라고도 했다.

매우틀 왕의 이동식 변기　국립고궁박물관

　매우틀은 세 방향은 막혀있고 한 쪽만 터져 있는 ㄷ자 모양의 나무로 된 좌변기 형태였다. 엉덩이가 닿는 부분은 붉은색의 우단으로 덮여있고 틀 아래 청동으로 만든 서랍 형태의 용기에 대소변을 받게 돼 있었다. 매우틀은 복이나인이 담당했는데 임금이 용변을 마치면 비단으로 뒤처리를 해주었다는 말도 전해지지만 근거는 없다.

　그러나 이와 같은 것은 임금이나 누릴 수 있는 특권이었다. 궁궐에 머물거나 상주하는 관원이나 궁녀 등은 서각, 흔헌, 측간이라 불리는 뒷간을 이용했다. 이곳은 임금과 왕비가 있는 내전이나 업무를 보는 외전 등 궁궐의 중심부에서 먼 외곽에 위치해 있었다. 그런데 워낙 멀다보니 젊은 나인들 경우에는 두세 명씩 모여 함께 갔다고도 한다.

　성종 24년(1493) 기록을 보면 자수궁 안에 있던 뒷간에 대한 언급이 나온다. 홍한이 최근 이어지는 무리한 토목공사 때문에 경기도 백성들이 도망치는 일이 많으니 자수궁에 대한 공사를 중단할 것을 진언했다.

성종은 화를 내며 자수궁의 형편을 설명했다.

자수궁은 선왕의 후궁이 거처하는 곳인데 지형이 낮고 습기가 자주 차서 비가 조금만 와도 변소의 물이 뜰 안으로 흘러넘친다고 들었다. 그러니 어찌 내 마음이 편하겠는가? 다시 지으려고 하는 이유는 내가 잔치를 벌이고 놀이하는 곳으로 삼으려는 것이 아니거늘 그대들은 어찌 이를 헤아리지 못하는가?

조선시대 뒷간은 어쨌든 가급적 먼 곳에 위치해 있었던 것만은 사실이다. 민간에서는 냄새와 위생상의 문제로, 궁궐에서는 뒷간이 굳이 필요 없는 임금과 왕실 가족을 위해 먼 곳에 마련돼 있었다. *

온천욕을 즐겼던 세조

조선시대에는 치료의 목적으로 온천욕과 한증욕을 즐겼다. 특히 온천욕은 주로 왕족들이 즐겼는데, 사도세자가 그 대표적인 예다.

정조 20년(1796) 경에 편찬된 『온궁사실』에 따르면, 사도세자의 다리에 종기가 곪아 터지자 여러 의원들이 습창을 다스기 위해서는 온천이 좋다고 추천을 했다고 기록되어 있다. 사도세자가 머물게 될 온양행궁을 보수하고 내의원에서 특별히 여러 약재를 준비하기도 했다.

온양행궁은 6천여 평이 넘는 별궁이었지만 홍문관과 사간원 등을 갖추고 침실과 집무실까지 따로 구비되어 있다. 그래서인지 임금이나 왕비들은 조금만 몸이 좋지 않아도 온양행궁을 자주 찾았다.

실제로 이곳에서 승하한 임금과 왕비도 있다. 특히 세조의 아내인 정희왕후 윤씨의 경우 정치일선에서 물러난 뒤 몸에 이상이 생기면 자주 온양행궁을 찾고는 했다. 세조가 피부병으로 고생할 때 함께 찾아오기도 했었는데, 어느 날 병이 깊어져 다시 궁궐로 돌아가지 못한 채 이곳

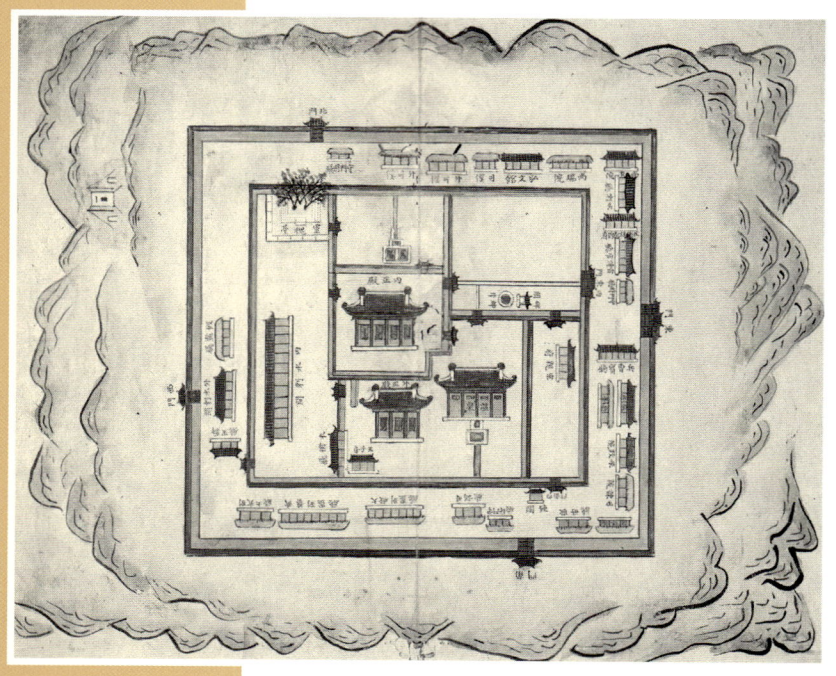

온양별궁전도 충청도 온양 별궁의 모습을 그린 그림 규장각 소장

에서 눈을 감았다.

사도세자를 비롯해 온양행궁을 다녀간 세종, 세조, 현종, 숙종, 영조 등 여러 임금들은 대부분 피부병과 종기 혹은 안질을 앓고 있었다. 특히 피부병으로 생을 마감한 세조의 경우도 노년에 옴에 시달려 자주 온천을 찾았다.

온양행궁은 세조와는 각별한 인연이 있는데 그가 살아생전 꿈에 문수동자를 만나 피부병을 치료한 추억이 어린 곳이다. 또한 차디찬 샘물을 발견했다고 해서 주필신정비를 세운 장소로도 알려져 있다. 한편 세조는 평소에도 '온천욕을 원하는 자를 금하지 말라.'는 교지를 내릴 정도로 온천에 대한 남다른 관심이 많았다.

세조만큼이나 온천을 애용했던 현종은 전통적인 방법인 탕약을 고집하지 않고 무려 다섯 차례나 온양행궁을 찾았다는 기록이 있다. 기록에 따르면 어의들도 탕약은 위장을 손상시키고 환약은 열을 다스리는데 효과가 느려 온천만한 것이 없다는 처방을 내렸다. ✽

• 사진 및 그림 자료 출처

국립고궁박물관
국립민속박물관
국립중앙박물관
규장각한국학연구원
문화재청

*출처를 확인하지 못한 자료는 확인하는 대로
일반적 기준에 따라 저작권료를 지불하겠습니다.

기상천외 조선사

지은이 | 강영민   펴낸이 | 최병섭   펴낸곳 | 이가출판사
초판 1쇄 발행 | 2010년 10월 25일
초판 12쇄 발행 | 2013년 4월 5일
주   소 | 서울시 영등포구 신길동 194-70
대표전화 | 716-3767   팩시밀리 | 716-3768
E-mail | ega11@hanmail.net
ISBN | 978-89-7547-087-5 (03900)